MOÏSE OU DARWIN?

TROIS CONFÉRENCES POPULAIRES

Offertes aux réflexions de tous ceux qui cherchent la vérité

PAR

Le Dr Arnold DODEL

PROFESSEUR TITULAIRE DE BOTANIQUE A L'UNIVERSITÉ DE ZURICH

Membre honoraire de la *Royal Microscopical Society of London*, et de l'*Union suisse d'Apiculture*
Vice-président de la Société des Libre-Penseurs allemands

Traduit, avec l'autorisation de l'auteur, sur la troisième édition allemande

PAR

Ch. FULPIUS

Président de la Société des Libre-Penseurs de la ville de Genève

PARIS

C. REINWALD & Cie, LIBRAIRES-ÉDITEURS

15, RUE DES SAINTS-PÈRES, 15

1892

MOÏSE OU DARWIN ?

MOÏSE OU DARWIN?

TROIS CONFÉRENCES POPULAIRES

Offertes aux réflexions de tous ceux qui cherchent la vérité

PAR

Le Dr Arnold DODEL

PROFESSEUR TITULAIRE DE BOTANIQUE A L'UNIVERSITÉ DE ZURICH

Membre honoraire de la *Royal-Microscopical Society of London* et de l'*Union suisse d'Apiculture*
Vice-président de la Société des Libre-Penseurs allemands.

Traduit, avec l'autorisation de l'auteur, sur la troisième édition allemande

PAR

Ch. FULPIUS

Président de la Société des Libre-Penseurs de la ville de Genève.

PARIS

C. REINWALD & Cie, LIBRAIRES-ÉDITEURS

15, RUE DES SAINTS-PÈRES, 15

1892

Tous droits réservés.

AVERTISSEMENT DU TRADUCTEUR

Cher lecteur !

Le présent ouvrage, dont l'auteur a bien voulu me confier la traduction, est l'explosion d'indignation d'un de nos meilleurs professeurs *suisses* de sciences naturelles.

Convaincu de la vérité de la théorie de l'*évolution*, qui est du reste démontrée dans tous les cours supérieurs de sciences naturelles, l'auteur se révolte, à juste titre, en constatant les absurdités qui sont enseignées sous cette rubrique aux élèves de premier degré de toutes les écoles officielles et particulières.

M. le Pr Dodel a-t-il raison? — A-t-il tort? — C'est ce que chacun décidera après avoir lu son exposé.

Dans tous les cas, il est méritoire qu'un savant ose prendre en main la cause du petit et du peuple et combattre le sacerdoce qui veut à toutes forces propager encore les traditions légendaires de l'antiquité hébraïque.

Il est rare que les grands spécialistes scientifiques s'inquiètent, ailleurs que dans des cercles savants, de répandre les théories qu'ils ont reconnues justes.

On s'étonnera, non sans raison, en constatant que cet ouvrage, paru en 1889, n'a encore amené *nulle part* jusqu'ici, dans les écoles officielles, un seul pas en avant dans la voie de la réforme réclamée par M. Dodel.

C'est que les intérêts qui soutiennent la tradition biblique sont ceux des puissants du jour, qui n'ont cure de rendre le peuple instruit et éclairé, *au contraire*. La violente polémique, partie exclusivement du camp religieux, qu'a suscitée la publication allemande de cet ouvrage, est la meilleure preuve du fait qu'il y a, au maintien du *statu quo* dans l'enseignement, des raisons de vie ou de mort pour les castes sacerdotales.

Ce fait est si vrai que, dans une petite brochure lancée en 1890 par une Société suisse qui a pris nom : « Association contre la lecture immorale », les piétistes incurables qui sont à la tête du mouvement classent dans la catégorie des MAUVAIS LIVRES les chefs-d'œuvres d'un Proud'hon, d'un Renan, d'un Schopenhauer et même d'un *Darwin !*

Tant que la pensée sera assujettie à la foi, la raison humaine n'acceptera qu'avec une peine infinie les constatations scientifiques.

Tout notre espoir est, en conséquence, que la *croyance* superstitieuse disparaisse peu à peu, laissant une place toujours plus grande à la *confiance* dans les progrès de l'esprit humain.

Le Traducteur,

C. FULPIUS.

PRÉFACE DE L'AUTEUR

A LA PREMIÈRE ÉDITION

Après que la question de la descendance a été résolue dès longtemps dans un sens affirmatif, de telle sorte que ce serait « porter de l'eau à la rivière » que d'en vouloir, dorénavant, fournir de nouvelles preuves dans une dissertation scientifique, il m'a paru que c'était bien le moment de jeter un coup d'œil sur les écoles de l'État, et de voir dans quelle mesure elles ont participé aux conquêtes des investigations scientifiques. Le résultat de cette petite excursion dans les prés fleuris des écoles populaires fut si triste et si décourageant, que je me résolus, après de longues années d'observations, à ne pas plus longtemps dissimuler ma manière de voir concernant la flagrante contradiction qui existe entre l'enseignement donné aux classes primaires et celui des classes supérieures, et à exposer franchement, dans des conférences publiques, l'absurdité de cette discordance, en faisant appel au bon sens et à l'équité du peuple.

C'est là le grave motif qui m'a fait, en janvier et février de cette année (1889) parler de ce regrettable et pernicieux désaccord dans notre organisation scolaire, ici à Zurich, et à Saint-Gall, dans le « cercle du Grütli » et dans le cercle d'instruction ouvrier « l'Harmonie ».

Ces conférences excitèrent un intérêt si grand et si puissant que nos locaux de Zurich se trouvèrent trop exigus, si bien que des centaines d'auditeurs, non pourvus de billets, ne purent trouver de places ; ce fait m'apprit que la question « Moïse ou Darwin ? » est devenue une actualité brûlante.

Les fanatiques hurlements de rage de quelques pionniers de l'ultramontanisme ; la basse humilité de quelques champions bourdonnants du protestantisme, ainsi que l'hypocrite position adoptée par la presse politique soi-disant « libérale », m'ont décidé à publier ce livre, qui expose dans leur parfaite authenticité les trois conférences en question aux adversaires et aux amis, qui pourront ainsi les étudier. Les voici, ces conférences ! Je pense qu'elles pourront être lues avec fruit — non seulement par des bourgeois et des ouvriers sincèrement épris de vérité, non seulement par des professeurs de tous les degrés et par les commissions scolaires, mais certainement aussi par des théologiens et des ecclésiastiques des diverses confessions.

J'espère justifier ma thèse dans mon « DERNIER MOT » (ch. IV de cet ouvrage), aux yeux de mes adversaires irréconciliables, aussi bien qu'à ceux des personnes qui recherchent la vérité.

Zurich, le 25 février 1889.

PRÉFACE DE L'AUTEUR

A LA TROISIÈME ÉDITION

La question « Moïse ou Darwin? » est devenue, en une année, une question scolaire vivement débattue. Des voix, pour et contre, se sont élevées, non-seulement en Suisse, où des discussions ont été soulevées à ce sujet, dans maintes commissions scolaires, mais aussi en Allemagne et dans les pays monarchiques Austro-Hongrois, en Hollande, en France, en Italie, en Angleterre, en Amérique, etc., et de nombreuses correspondances, émanant de cercles d'instituteurs ou de laïques de tous ces pays, sont venues me prouver amplement que les milieux autorisés commencent enfin à réfléchir à l'absurde contradiction qui existe entre l'enseignement inférieur et le supérieur. Dès lors, j'ai atteint mon but; le reste est affaire des pédagogues et des législateurs, qui ne pourront résister plus longtemps au courant inexorable du temps et de la vérité.

Trois répliques ont vu le jour dans le cours de cette année; je les ai lues, et me suis vu réduit à les mettre au panier sans en avoir rien appris. Ces écrits m'opposent, tous trois, *des professions de foi*, et combattent avec des arguments dont les uns sont caduques et surannés et les autres trop puérils, et déjà si souvent réfutés qu'il ne peut me venir à l'idée d'y répondre dans une nouvelle brochure. Je me contenterai de présenter à cet égard quelques observations qui figureront dans le « Dernier mot » de cette édition. *La meilleure réponse* que je puisse produire aux pamphlets qui ont été publiés au sujet de ma polémique (j'ai même eu l'honneur de vigoureuses rimes), c'est d'éditer cette troisième édition populaire; puissent ses 5000 exemplaires faire leur chemin !

Espérons qu'avec la fin de ce siècle mourant, cette contradiction : « Aux grands la vérité; aux petits — l'erreur », aura disparu du monde ! Cela *doit* arriver ; même mes pieux antagonistes, qui ont pris la plume au nom de leurs saints coreligionnaires, font l'aveu qu'ils se placent sur le terrain de l'évolution (soit, de la descendance). On constate sans doute — par la polémique qui s'est élevée à ce sujet — qu'ils ne font cette concession que timidement, presque honteusement, et qu'il n'est nullement nécessaire que eux, les maîtres *pieux*, parlent de la descendance dans leurs écoles piétistes. Donc, toujours deux tenues de livres !

Soyons honnêtes ! N'ayons pas peur de la vérité ! Soyons des hommes entiers et non des demi-bonshommes ! — Nous ne pouvons pas nous cramponner à Moïse pour les écoles primaires, et être, en même temps, convaincus de la descendance, ou n'admettre qu'en hésitant, et forcés par la nécessité, que la théorie de l'évolution est *vraie*; car jamais, au grand jamais, il n'y aura compromis entre Moïse et Darwin : ou l'un... ou l'autre.

Ou Moïse, *ou* Darwin !

IL N'Y A PAS D'AUTRE ALTERNATIVE !

L'AUTEUR.

Zurich, 18 mars 1890.

I

Conférence sur MOÏSE ou DARWIN ?

UNE QUESTION SCOLAIRE

Honorés auditeurs, chers amis,

Vous m'avez invité à traiter devant vous une question qui doit intéresser, non seulement quelques-uns, mais tous ceux qui ont souci de la prospérité de la vie publique.

Tout en répondant à l'appel de votre confiance, je profiterai de l'occasion pour vous rendre attentifs à une des plus importantes et significatives apparitions de notre siècle si agité, apparition qui ne pouvait manquer d'éveiller les sérieuses réflexions de tous les amis de l'humanité ; je parle de la grandiose contradiction qui existe dans notre corps éducatif et scolaire, de la fatale discordance dans la vie de l'esprit de l'humanité civilisée actuelle, fait qui ne peut être mieux signalé que par ce dilemme : « Moïse ou Darwin ? »

C'est *la contradiction et la discordance entre l'instruction et l'école populaires, d'une part, et la science et son école, d'autre part.*

Cette discordance est indéniable ; elle existe dès longtemps, et, quoique reconnue, depuis plus d'un demi-siècle et par les autorités les plus considérables, pour une contradiction manifeste, elle n'a encore jamais été combattue avec succès.

Ce désaccord entre la foi et la science se perpétue indéfiniment, et la crevasse qui les sépare s'élargit toujours plus ;- la confusion est toujours plus grande et menace de ne pas prendre fin, — au détriment du progrès de la vérité.

Pour ce motif, le devoir de tout honnête homme est de s'occuper sérieusement de cet état de choses ; de considérer le mal sous toutes ses faces ; de se rendre clairement compte de son effet désastreux, et de songer de bonne foi aux voies et moyens de porter remède à cette triste maladie, actuellement partout répandue.

Si nous voulons comprendre l'existence et la signification de ce désaccord, il nous faut étudier l'histoire de son développement ; il nous faut descendre assez profondément dans l'abîme du passé, pour retrouver l'origine de la contradiction en question.

Deux manières totalement différentes d'envisager le monde, sont, en ce moment, en présence dans les contrées civilisées de toute la terre habitée :

D'une part, la conception MOSAÏQUE de la création du monde, telle qu'elle a été, pendant près de 35 siècles, transmise d'une génération à l'autre, par les prêtres juifs et chrétiens, comme une révélation inviolable et sacrée ;

D'autre part, l'enseignement SCIENTIFIQUE du développement lent et graduel des choses, l'enseignement du développement successif du monde vivant, par la seule action des lois naturelles qui fonctionnent de nos jours. Cette méthode a pénétré victorieusement dans le monde scientifique par les œuvres de Darwin. De celles-ci, une des parties principales est la *théorie de la descendance*.

Nous commençons notre étude comparative par « l'homme de Dieu », et cela non sans raison, car nul ne peut contester son importance dans l'histoire du monde.

MOISE ET SON ENSEIGNEMENT

Il y a environ 3500 ans que, à ce que nous raconte l'histoire de l'humanité, le peuple sémitique des Juifs languissait sous les corvées Egyptiennes. Malgré la terrible oppression à laquelle ce peuple intelligent était soumis sous les brûlants rayons du soleil d'Afrique, il se multiplia rapidement. Il ne devait pas être mal nourri, car, plus tard — lorsqu'il eut quitté les bords du Nil, — il arriva aux Israélites de regretter le pot-au-feu égyptien, et d'oublier, pendant une famine oisive, les tourments de ses durs travaux. La rapidité d'accroissement de ces parias opprimés n'est pas un fait exceptionnel, car il se renouvelle dès lors à chaque siècle et dans presque toutes les nations: un peuple travailleur, opprimé et qui languit sous les corvées, est généralement fécond. Dans ces cas, la toute puissante nature porte remède à ce que la volupté, le surmenage intellectuel et les raffinements de toutes sortes, ont corrompu dans les classes plus favorisées.

Voyant que les enfants d'Israël multipliaient et se propageaient rapidement en Égypte, les rois de la vallée du Nil s'inquiétèrent de l'accroissement de cette classe pauvre et méprisée. Les Pharaons commencèrent à craindre que, dans le cas d'une guerre éventuelle avec les peuples voisins, ceux-ci ne se voient surgir des alliés en la personne des esclaves israélites. Aussi un de ces Pharaons ordonna-t-il une noyade périodique des nouveaux-nés juifs de sexe masculin.

Une mère juive, Jocabed, ne pouvant se décider à exécuter l'édit royal, cacha pendant trois mois son garçon dernier né, jusqu'à ce que, la voix de l'enfant étant devenue plus forte, il devint difficile de le conserver sans courir le danger qu'il soit découvert. Elle fit alors construire, avec les tiges poreuses et légères du papyrus, une corbeille dans laquelle elle coucha doucement son enfant chéri, et le transporta ainsi sur les grèves du Nil. Là, le petit fut déposé entre les touffes de roseaux, sur l'eau tranquille, dans sa corbeille flottante, et Miriam (Marie), qui était sa propre sœur, veilla sur son sort.

La fille du roi — nommée Thermoutis par l'historien Josèphe — ne tarda pas à arriver en ces lieux pour s'y baigner. Elle fut saisie de pitié à l'aspect de ce petit-être, plein de santé, mais pleurant, dans son abandon, — et Miriam, rusée et soucieuse, apparut bien vite et offrit à la fille de Pharaon de lui quérir une nourrice. Elle s'empressa d'aller, dans ce but, chercher la mère, à laquelle l'enfant trouvé fut confié. Thermoutis adopta ce dernier, et lui donna le nom de Mosche (Moïse) c'est-à-dire « sauvé des eaux ».

On ne sait rien de la jeunesse de Moïse ; d'après la tradition rapportée par l'historien Josèphe, Moïse aurait été, pendant son adolescence, d'une beauté enchanteresse. La princesse Thermoutis lui fit inculquer, par les prêtres, toute la sagesse égyptienne. Elle le protégea tendrement contre le roi son père, auquel les prêtres prédisaient toutes les misères dont cet intrus, intelligent et énergique, devait devenir la cause pour les Égyptiens. En effet, un beau jour, le jeune Moïse, jouant avec la couronne royale, la jeta à terre et la foula aux pieds. Il est reconnu qu'un enfant capable d'agir ainsi est un ingrat petit-fils adoptif qui ne peut qu'inspirer des craintes pour l'avenir. Les prêtres portèrent le fait à la connaissance du roi, mais rien ne fut décidé, à cause de la protection de la princesse, et il s'ensuivit que l'éducation de Moïse pût continuer.

D'après les traditions écrites laissées par Manethon, Moïse fut, pendant un certain temps, prêtre à Héliopolis. Étant adulte, il conduisit, à ce que raconte Josèphe, une armée égyptienne contre les Éthiopiens qui marchaient sur l'Égypte. Il vainquit l'ennemi, et le poursuivit jusqu'à Saba (Meroé), cité royale qu'il assiégea. Il y eut alors là un exemple d'une faiblesse très humaine. Ce fut que Tharbis, fille du roi des Éthiopiens, se prit d'amour pour

Moïse; elle lui offrit sa main et lui livra la ville assiégée. Il épousa la princesse, et ramena en conquérant l'armée égyptienne dans le Nord de la vallée du Nil.

Ensuite, nous devons tous connaître l'aventure de Moïse, forcé de fuir dans le désert de l'Arabie, parce qu'il avait assassiné un Égyptien; nous n'ignorons pas la tradition du séjour de Moïse chez Jéthro, prêtre, et prince médianitique, qui possédait sept filles, dont l'une devint la femme de Moïse. Ce dernier dût — toujours d'après la tradition — garder pendant plusieurs années les troupeaux de Jéthro, son beau-père. Là, il eut le temps de réfléchir profondément au triste sort de ses frères Israélites de l'Égypte, car il en recevait de nombreux messages qui, tous, lui apprenaient que la situation ne s'était nullement améliorée, mais que les maux et les oppressions ne faisaient, au contraire, qu'empirer.

Ce fut durant cette assez longue période que Moïse conçut le projet de sauver — au nom du Dieu de ses patriarches : Abraham, Isaac et Jacob — le peuple Juif du joug égyptien. Avec son frère Aaron, il revint en Égypte, où déjà régnait un nouveau roi. Moïse était alors âgé de 80 ans. Au moyen de divers tours de passe-passe et prodiges, desquels les prêtres égyptiens ne purent reproduire qu'une partie, les deux frères réussirent à intimider le roi égyptien, et à l'amener à laisser partir le peuple Juif. Qui ne connaît les charmants récits et les nombreux miracles qui, avant, pendant, et après la sortie du pays d'Égypte, célèbrent l'œuvre de Moïse, comme une épopée complète ?

En fait, cette histoire de la délivrance d'Israël de la servitude égyptienne est une légende héroïque orientale, ornée de tous les embellissements dus à une poétique fantaisie; nous autres, sans *croire* à tout ce que ses doigts roses ont tracé dans le livre des traditions, nous pouvons encore y trouver du plaisir aujourd'hui.

Cependant pour le moment, notre principal intérêt ne se concentre pas sur le détail des récits miraculeux qui accompagnent la sortie de la vallée du Nil et le séjour dans le désert, mais bien sur la législation générale établie par Moïse, et *surtout* sur sa valeur comme écrivain, comme narrateur de l'histoire de la création.

C'est de Moïse que date la législation judaïque, et les cinq livres qui portent son nom (le Pentateuque) sont la source de la célébrité d'Israël. Il est vrai que les recherches scientifiques, et le criticisme des savants commentateurs de la Bible, ébranlent la foi que l'on pourrait avoir en l'authenticité même des livres de Moïse. Depuis un siècle déjà, éclata, dans le camp des théologiens, une longue lutte (très passionnée sur certains points) pour ou contre l'authenticité des livres mosaïques; et, de nos jours encore, on ne peut considérer cette lutte comme terminée, mais le peu de théologiens, qui tiennent encore pour véritable et digne de foi tout ce qui est contenu dans le Pentateuque, serait facile à dénombrer. Même des savants très réservés, ultra-orthodoxes et foncièrement religieux ont dû — non sans regret — convenir que les livres attribués à Moïse ne sont nullement, dans leur entier, vrais et exempts de fautes. La majorité des scrutateurs de la Bible est aujourd'hui fermement convaincue : que Moïse n'a pas composé tous les livres qui portent son nom, mais que ceux-ci ont eu pour auteurs *plusieurs* écrivains hébreux. Ce n'est qu'ainsi que peuvent s'expliquer les nombreuses impossibilités et contradictions chronologiques; les fréquentes répétitions; les narrations diverses d'un même événement; les dénominations variées de « Dieu » (Genèse, ch. I. : Elohim; dans les ch. II et III, le « Très haut » se nomme : Jéhova-Elohim; dans les autres chapitres : Jéhova, tout court); ce n'est qu'ainsi que nous arrivons à comprendre les divers genres de styles et leurs fréquents changements dans les livres de Moïse; en outre, on trouve, dans le texte de ces livres, identiquement le même hébreu que celui qui avait cours mille années après la mort de Moïse, quoiqu'il soit bien difficile d'admettre que cette langue n'ait, pendant un temps aussi considérable, subi aucune modification.

Néanmoins, il y a de fortes présomptions pour faire admettre que la plus grande partie de la Genèse fut, quant à elle, l'œuvre de ce juif génial. (Consulter à cet égard l'ouvrage classique de S. Munk, grand savant israélite et explorateur de la Palestine. Description géographique, historique et archéologique de la Palestine. Paris, 1845).

Moïse devint, de par la législation qui porte son nom et de par son enseignement, *le fondateur d'une religion.*

Tous les fondateurs de religions, lorsqu'ils ont une certaine valeur, présentent quelques rapports de caractères. Ils sont : *de profonds penseurs*, des natures d'une philosophie élevée, connaisseurs des faiblesses et des vertus humaines, et, surtout, ils sont pourvus de toutes les connaissances scientifiques de leur époque.

Moïse était, lui aussi, un esprit éminent et il a dû être même, par son extérieur — une apparition phénoménale, une figure peut-être analogue à celle que Michel-Ange a personnifiée dans son « Moïse ».

Il devait posséder, réunis, tous les trésors de la sagesse égyptienne et orientale de l'époque, car les prêtres égyptiens qui furent ses maîtres, étaient à la fois médecins, magiciens, ministres et professeurs ; c'est ce qui lui permît, après qu'il eût délivré de la servitude les hommes de sa race, de poser les bases d'un culte qui conserva sa grande importance pendant tant de siècles de l'histoire de l'humanité.

On sait que Moïse proclamait un Dieu unique : Jéhova-Elohim. Il est monothéiste. Que ce Dieu unique, qui fit d'Israël son peuple privilégié, fut une divinité exclusivement juive, douée de tout ce qui était, dans le temps, reconnu comme vertus ou passions humaines, cela nous est démontré, à nous, qui sommes élevés chrétiennement, par les prêtres et les instituteurs. Jéhova personnifie l'idée israélite de la divinité à cette époque : fort, puissant, jaloux, farouche, impitoyable pour les adversaires, cruel avec les ennemis, railleur et ironique avec ceux qui, quoique plus faibles, voulaient lui faire opposition; « il punit sur les enfants l'iniquité des pères jusqu'à la troisième et quatrième génération[1] ».

Ce Dieu unique et omnipotent *créa, d'après le récit de Moïse, tout l'Univers du* néant, par la seule puissance de sa parole : « Qu'il soit! »

Ceci a été cru et enseigné jusqu'à ce jour, par les Juifs depuis 3500 ans, et, par les chrétiens, depuis environ 19 siècles. Nous devons compter avec un legs aussi antique, et il ne serait pas sage de passer, à la légère, à l'ordre du jour sur cette théorie mosaïque de la création.

Les « 104 histoires bibliques » éditées par l'Union chrétienne de Calw, qui sont répandues dans des millions de mains, et encore utilisées pour l'enseignement, introduisent comme suit le récit de la création, d'après Moïse :

« Dieu créa le ciel et la terre par son verbe.
« Avant que Dieu créa, rien n'existait en dehors de Dieu. Dieu « seul est éternel. Il voulut (pourquoi?) que le ciel et la terre ne « fussent pas d'un seul coup dans leur splendeur, mais peu à peu, « car Il a, dès le commencement, tout réglé par nombre, mesure et « pesanteur. »

On nous a enseigné, à tous, que l'histoire mosaïque de la création est une vérité indiscutable et *révélée*, et elle continue à être ainsi enseignée dans presque tous les pays civilisés du monde, sauf en France et en Italie.

Dans la forme sous laquelle elle nous est présentée par la Bible, la création est un mythe, un conte plein de beauté orientale, mais elle n'est *qu'une légende*, une conception — ou représentation fantaisiste — correspondant aux connaissances d'autrefois; cette conception ne peut avoir, devant le criticisme actuel des sciences naturelles, pas plus de consistance que de prétention à la vérité, et elle

---

1. Et même la faute d'Adam sur tout le genre humain! (*Note du traducteur.*)

est en contradiction par trop révoltante avec la science moderne.

Certes on ne peut croire que Moïse, lorsqu'il écrivit un jour son histoire de la création, dût avoir la présomption de se figurer que tous les hommes dussent prendre, par la suite, son exposé à la lettre, et qu'ils en fissent, pendant des milliers d'années, leur unique dogme de salut. — Mais les chrétiens sont devenus plus mosaïques que Moïse, lui-même, ne le fut jamais, — et nous sommes, nous autres occidentaux, si bien enchaînés par ces idées que nous ne pouvons presque pas nous en dégager.

D'après la narration du fondateur de la religion Juive, l'univers entier est le résultat du labeur de Dieu pendant six jours.

Examinons d'un peu plus près ce récit, et permettez-moi d'y ajouter quelques observations !

Genèse, ch. I, v. 1 : « *Au commencement Dieu créa les cieux et la terre.* »

De nos jours, le naturaliste dirait : L'univers (« la terre et les cieux » d'après Moïse) n'a ni commencement, ni fin ; il est infini dans le temps et dans l'espace. Rien ne sort de rien, et ce qui *est* ne peut être réduit à néant. L'univers fut et sera éternel, comme le prouve *la loi de la conservation de la force,* qui est démontrée dans tout manuel récent de physique ou de chimie.

Versets 2-5 :

« Et la terre était sans forme et vide, et les ténèbres étaient sur la « surface de l'abîme, et l'Esprit de Dieu se mouvait sur les eaux.

« Et Dieu dit : Que la lumière soit ; et la lumière fut.

« Et Dieu vit que la lumière était bonne ; et Dieu sépara la lumière « d'avec les ténèbres.

« Et Dieu nomma la lumière : jour ; et les ténèbres : nuit.

« Ainsi fut le soir, ainsi fut le matin ; ce fut le *premier* jour. »

On peut opposer à cela : que la physique ne reconnaît d'autre lumière que celle produite par des *corps* lumineux, soit que ces derniers possèdent une lumière propre, soit qu'ils reflètent celle produite par d'autres corps. La lumière n'est, par elle-même, qu'une manière d'être de la matière en mouvemement; un mouvement ondulatoire des atômes. La physique a mesuré très exactement la longueur des ondulations et la vitesse de ce mouvement atomique. La lumière n'est pas une substance, une « *chose en soi* », mais n'est qu'une des apparences que peut nous présenter la matière en mouvement. Pour ces motifs, nul mortel ne peut concevoir ni expliquer ce que peut signifier cette « lumière » du premier jour de la création mosaïque. —

Le « jour » et la « nuit », le « soir » et le « matin » de ce premier jour, sont autant d'impossibilités.

Versets 6-8 :

« Puis Dieu dit : Qu'il y ait une étendue entre les eaux ; et qu'elles « se séparent d'avec les eaux.

« Dieu fit donc l'étendue, et sépara les eaux qui sont au-dessous de « l'étendue d'avec celles qui sont au-dessus de l'étendue ; et ainsi fut.

« Et Dieu nomma l'étendue: cieux. Ainsi fut le soir, ainsi fut le « matin ; ce fut le *second* jour. »

Voilà une *contradiction* flagrante ! : Le premier verset nous annonce que Dieu créa d'abord « *les cieux* », et voilà que, le second jour, les « cieux » sont créés encore une fois ! Ce fait est paradoxal, incompréhensible et insaisissable. D'une manière ou de l'autre, il y a là une confusion épouvantable. De savants hébraïstes et linguistiques se sont occupés à éclaircir le fond de ce contre-sens, et quelques-uns sont arrivés à acquérir la persuasion que le premier verset de la Genèse ne nous est pas parvenu sous la forme que lui avait donnée Moïse, mais a dû être défiguré par une faute de copie : Le mot traduit par « les cieux » est, dans le texte hébreu: « Haschamajim », tandis que le mot « eaux » se lit dans le texte hébraïque de la création de Moïse : « Hamajim ». — On laisse alors supposer que, depuis des milliers d'années, le mot du premier verset : « Hamajim » a été, par erreur de plume, scrupuleusement remplacé par « Haschamajim ».

D'après cette supposition, Moïse aurait donc écrit: Au

commencement, Dieu créa *les eaux* et la terre. (Voir « Le genre humain » de J. Stern. N° 34. 1886.)

Voyons maintenant le troisième jour !

Versets 9-13 :

« Puis Dieu dit : Que les eaux qui sont au-dessus des cieux soient
« rassemblées en un lieu, et que le sec paraisse ; et ainsi fut.

« Et Dieu nomma le sec : *terre*. Il nomma aussi l'amas des eaux :
« *mers* ; et Dieu vit que cela était bon.

« Puis Dieu dit : Que la terre pousse son jet, savoir, de l'herbe por-
« tant semence, et des arbres fruitiers portant du fruit selon leur
« espèce, qui aient leur semence en eux-mêmes sur la terre ; et ainsi
« fut.

« La terre donc produisit son jet, savoir de l'herbe portant de la
« semence selon son espèce, et des arbres portant des fruits, qui
« avaient leur semence en eux-mêmes, selon leur espèce ; et Dieu vit
« que cela était bon.

« Ainsi fut le soir, ainsi fut le matin ; ce fut le *troisième* jour. »

La création du règne végétal, avant que le soleil brillât au ciel, est une impossibilité matérielle. Plus grande encore est l'impossibilité de la *conservation* de ce monde végétal — sans soleil — pendant la longue *période* attribuée par les exégètes rationalistes de la Bible à chaque « journée » de la création mosaïque.

Versets 14-19 :

« Puis Dieu dit : Qu'il y ait des luminaires dans l'étendue des
« cieux, pour séparer le jour d'avec la nuit, et qui servent de signes,
« et pour les saisons, et pour les jours, et pour les années,

« Et qui soient pour luminaires dans l'étendue des cieux, afin de
« luire sur la terre ; et ainsi fut.

« Dieu donc fit deux grands luminaires : le plus grand pour dominer
« sur le jour, et le moindre pour dominer sur la nuit : *il fit aussi les*
« *étoiles.*

« Et Dieu les mit dans l'étendue des cieux, pour luire sur la terre.

« Et pour dominer sur le jour et sur la nuit ; et pour séparer la
« lumière d'avec les ténèbres ; et Dieu vit que cela était bon.

« Ainsi fut le soir, ainsi fut le matin, ce fut le *quatrième* jour. »

Contradictions sur contradictions ; impossibilités sur impossibilités ! — Nous verrons, dans la seconde conférence

de ce livre, que la terre, le soleil, la lune et les étoiles
sont nés dans un ordre chronologique totalement différent
de celui donné par Moïse ; nous y verrons que le soleil
existait *longtemps* avant la terre, et la terre *longtemps* avant
la lune ; et que les innombrables étoiles qui nous entourent
circulaient dans l'univers des milliards d'années avant notre
soleil, avant toutes ses planètes et leurs satellites. — Dans
tous les cas, Moïse se met en contradiction avec lui-même
lorsqu'il fait, au quatrième jour, séparer encore une fois
la lumière des ténèbres, ce qui était déjà fait dès le premier
jour (v. 4), et après que le jour était déjà distingué de la
nuit, et le « soir » du « matin ».

Versets 20-23 :

« Puis Dieu dit : Que les eaux produisent en toute abondance des
« animaux qui se meuvent et qui aient vie ; et que les oiseaux volent,
« sur la terre, vers l'étendue des cieux.

« Dieu créa donc les grands poissons et tous les animaux vivants
« et qui se meuvent, que les eaux produisent en toute abondance,
« selon leur espèce, et tout oiseau ayant des ailes, selon leur espèce ;
« et Dieu vit que cela était bon.

« Et Dieu les bénit, disant : Croissez et multipliez, et remplissez les
« eaux dans les mers ; et que les oiseaux multiplient sur la terre.

« Ainsi fut le soir, ainsi fut le matin ; ce fut le *cinquième* jour. »

Ce fut donc le cinquième jour que Dieu créa les amphibies et les oiseaux dans les airs. — Les sciences naturelles
ont démontré à l'évidence que le règne animal et le règne
végétal se sont développés *simultanément*, et que des animaux, marchants ou rampants sur terre, ont *précédé* les
oiseaux, habitants des airs, tandis que Moïse ne place
l'apparition des terriens qu'au sixième jour.

Versets 24-31 :

« Puis Dieu dit : Que la terre produise des animaux vivants selon
« leur espèce ; les animaux *domestiques* (!), les reptiles et les bêtes
« de la terre selon leur espèce ; et ainsi fut.

« Dieu fit donc les bêtes de la terre selon leur espèce ; les animaux
« domestiques selon leur espèce et les reptiles de la terre selon leur
« espèce ; et ainsi fut.

« Puis Dieu dit : Faisons l'homme à notre image, selon notre res-
« semblance, et qu'il domine sur les poissons de la mer, sur les
« oiseaux des cieux, sur les animaux domestiques, et sur toute la
« terre et sur tout reptile qui rampe sur la terre.

« Dieu donc créa l'homme à son image; il le créa à l'image de
« Dieu; il les créa mâle et femelle.

« Et Dieu les bénit, et leur dit : Croissez et multipliez, et remplissez
« la terre, et l'assujettissez et dominez sur les poissons de la mer et
« sur les oiseaux des cieux et sur toute bête qui se meut sur la terre.

« Et Dieu dit : Voici, je vous ai donné toute herbe portant semence
« et qui est sur toute la terre; et tout arbre qui a en soi du fruit
« d'arbre portant semence; ce qui vous sera pour nourriture.

« Mais j'ai donné à toutes les bêtes de la terre et à tous les oiseaux
« des cieux et à tout ce qui se meut sur la terre, qui a vie en soi,
« toute herbe verte pour manger; et ainsi fut.

« Et Dieu vit tout ce qu'il avait fait; et voilà, il était très bon.

« Ainsi fut le soir, ainsi fut le matin : ce fut le *sixième* jour. »

Ainsi, le sixième jour, arrive la création des animaux
terriens, et, ensuite, l'avènement de l'homme. Moïse est
tombé juste, en plaçant la création de l'homme en dernier.
Mais ce qui est faux, c'est de faire, comme lui, surgir Adam
d'une « motte de terre » (Genèse, ch. II, v. 7), et Ève d'une
côte d'Adam (ch. II. v. 21-22). Nous reviendrons sur cette
erreur pyramidale.

Il est faux aussi, de prétendre que Dieu fit l'homme à
son image; l'inverse seul s'est trouvé vrai : l'homme s'est
façonné un « Dieu », en se prenant, lui-même, pour
modèle! « Tel est l'homme, tel est son Dieu! » (Louis
Feuerbach).

Nous sommes tous au courant de la façon dont nos premiers parents ont péché, et ont été chassés du Paradis. Le
serpent bavard a fait casser la tête à beaucoup de théologiens, et a amusé bien des enfants. Une opinion, qui a été
généralement admise dans l'occident chrétien, et qui
règne encore, en certains milieux, c'est que Moïse a entendu
personnifier Satan, ou le Diable, sous la figure de ce serpent. — Mais, c'est là une erreur grave, car Moïse ne
pouvait pas avoir une idée de ce que représentaient le

Diable, ou Satan. Cette figure de démon, qui vint de l'Asie Mineure, ne fit son apparition dans l'esprit des Juifs que plusieurs siècles après Moïse; on voit, dans le livre de Job, Satan entrer en scène pour la première fois, sous sa forme bien connue dès lors, et caractéristique.

Ce serait un serpent trop loquace qui aurait amené nos premiers parents à la connaissance du bien et du mal!

Mais on nous l'a cent fois répété : nous sommes tous responsables du *péché originel*.

Ce péché originel fut cause que Caïn put tuer son frère Abel. Cette histoire épouvantable se termine encore par une formidable contradiction : — Caïn, le meurtrier, s'enfuit dans le pays de Nod, à l'Ouest du Paradis terrestre. — « Et Caïn prit une femme, qui conçut et enfanta Hénoc. Et « il bâtit une ville, qu'il nomma Hénoc, du nom de son fils. » (Genèse, ch. IV, v. 17.)

Nous voyons donc ici le fils d'Adam, le *premier* homme, fuir en pays étranger; là, *il se marie*, a des enfants, et — naturellement avec l'aide de nombreux ouvriers — bâtit une ville. Conséquemment, il existait, dans ce pays de Nod, *des hommes* qui ne sortaient pas de la souche adamique. Donc, Adam et Ève *ne furent pas les premiers humains*, *d'après le texte même* de la Bible.

Comme nous le verrons dans notre seconde conférence, les sciences naturelles n'ont aucune connaissance d'un premier homme, Adam, et d'une première femme, Ève.

Nous savons tous par cœur les évènements subséquents; le déluge mosaïque : un jour, Dieu dit (Genèse, ch. VI, v. 7) :

« *J'exterminerai* de dessus la terre les hommes que j'ai créés: « depuis les hommes jusqu'au bétail; jusqu'à tout ce qui rampe, « même jusqu'aux oiseaux des cieux, car *je me repens de les avoir* « *faits.* »

Nous avons là une conception des plus naïves du Très-Haut; Jéhova se révèle à nous comme un humain, avec ses faiblesses et son étroitesse d'esprit : il ʀᴇɢʀᴇᴛᴛᴇ d'avoir créé les hommes?

Où trouver, chez nous autres Occidentaux, un artiste ou un architecte de génie qui serait capable de regretter un jour son chef-d'œuvre? *Un honnête homme n'a rien à regretter!*

Comme le remarque très justement le théologien M. J. Savage : Le Jéhova de l'ancien Testament demeure en un certain endroit, comme un homme; Il se montre dans le temple; Il va, vient, parle comme un homme; Il pense et fait des projets, comme nous; Il se prend à aimer ou à haïr; Il se fâche, se venge et change d'idée, tout comme un despote oriental.— On aurait tort de s'étonner d'un pareil anthropomorphisme (ressemblance avec l'homme) de Dieu, *l'idée même de Dieu étant un produit du cerveau humain.* Comme l'homme grandit et se développe, ainsi grandit et se développe parallèlement sa représentation de la divinité.

« Mais Noé trouva grâce devant le Seigneur. »

Le *déluge universel* arrive : catastrophe terrestre, drame tel que notre terre n'en avait jamais vu auparavant ! Assis sur les bancs de l'école, nous avons été, tous, pénétrés et saisis par cette histoire du déluge, et les plus grands artistes ont célébré cette tragédie par de grandioses peintures. De nos jours encore, les écoliers lisent ce récit avec un intérêt toujours nouveau; et, pourquoi pas? Certes, ce drame terrestre est pourvu de tous les enjolivements d'un conte oriental, et devient, par places, d'une profonde beauté.

Qui n'a, dans sa jeunesse, senti toute sa fantaisie, toute son âme d'enfant, empoignées par les aventures de Noé le juste et de sa famille; de cette arche flottante (longue de 300 coudées, large de 30, haute de 50 coudées), avec ses nombreuses et mignonnes paires d'animaux. Qui n'a eu toute son imagination captivée en pensant au loup, dormant côte à côte avec l'agneau, à la girafe à côté du lion et aux carnivores qui se nourrissaient d'herbe, tandis qu'une paix dominicale régnait sur tous les habitants de l'arche; — et la blanche colombe avec son rameau d'olivier; et l'arche lorsqu'elle reste accrochée au flanc du mont Ararat, et leur rend à tous la liberté; — et le sacrifice d'actions de grâces de Noé, en face du splendide arc-en-ciel de réconciliation et de promesse, qui sillonnait le ciel! Combien, étant enfant, qui se sont réjouis de cette prophétie : « que toute chair ne sera désormais plus jamais détruite par les eaux du déluge! » — (Genèse, ch. IX, v. 11.) — Et, maintenant, nos enfants doivent-ils continuer à croire que ces choses sont arrivées? — Notre réponse est : Non!

Il n'y eût pas eu, pour les maintenir comme véridiques, autant de ténacité de la part de la théologie, si ce récit de la création mosaïque n'était devenu une base dogmatique soutenant la plus parfaite de toutes les religions apparues jusqu'à ce jour, servant de *piédestal au christianisme*.

De la doctrine de la chute du premier homme dans le paradis et de la désespérante conception que nous sommes tous perdus par le péché d'Adam et courons à notre perdition, de cette doctrine naquit l'idée de la nécessité d'une délivrance et d'une justification par un secours supraterrestre, surnaturel et divin.

Du Judaïsme prit ainsi naissance l'idée d'un Fils de Dieu, envoyé du ciel, et l'hypothèse de son sacrifice propitiatoire sur la croix se cristallisa par la suite.

Il est reconnu que le Christianisme est l'enfant direct du Mosaïsme; il est la solution mystique du problème de la chute du premier homme et du péché originel.

Je prouverai ailleurs, dans cet ouvrage, que le naturaliste actuel — quelqu'adversaire qu'il soit du récit mosaïque de la création — reconnaît, lui aussi, une sorte de vice originel et héréditaire dans le genre humain. C'est pourquoi, s'il faut absolument un « péché originel » pour maintenir un système religieux susceptible de s'étendre, bien ! — nous, naturalistes, n'y apportons aucune objection; mais par contre, nous tendrons de tout cœur la main à tous les philanthropes qui veulent sincèrement le bonheur de l'homme, et travaillerons avec eux à délivrer la race humaine du joug du « péché originel » que nous reconnaissons.

En parcourant les débris historiques de la marche du développement des pensées des religions, nous devons constater que le Judaïsme du temps de l'Ancien Testament s'est aussi peu préoccupé des sciences naturelles qu'il est possible de le faire. Et cela a une signification très importante ! En effet, la religion de l'avenir du genre humain devra s'accommoder aux vérités naturelles reconnues; elle ne pourra subsister et avoir de l'influence que si elle est à l'unisson des faits scientifiques acceptés.

Le Judaïsme de l'Ancien Testament n'était donc pas ami de la science; mais ce peuple intelligent que Moïse et Josué conduisirent à la terre promise, éprouvait encore un certain bonheur à vivre et à être au monde. Les Juifs de l'Ancien Testament prenaient plaisir aux biens terrestres, à l'or et à l'argent, aux troupeaux de moutons et de bœufs, aux beaux jardins et à la vigne ; admirant les fleurs des champs, ils chantaient le lys dans sa splendeur; ils comparaient, dans des œuvres très poétiques, la beauté humaine et le doux charme de la femme avec les formes végétales élancées qui ornaient les flancs du Liban et les rives du Jourdain :

Cantique des cantiques (Ch. II, v. 1) : « Je suis la rose de Sçaron et « le muguet des vallées. Mon bien-aimé m'est comme un sachet de « myrre. »

« Mon bien-aimé m'est comme une grappe de troëne dans les « vignes du Henquedi. (Ch. I, v. 13-14.)

« Tel qu'est le muguet entre les épines, telle est ma grande amie « entre les filles. » (Ch. II, v. 2.)

« Tel qu'est le pommier entre les arbres des forêts, tel est mon « bien-aimé entre les jeunes hommes. » (Ch. II, v. 3.)

« Mon bien-aimé est semblable au chevreuil ou au faon des biches. »
(Ch. II, v. 9.)

« Son port est comme le Liban; il est exquis comme les cèdres. »
(Ch. V, v. 15.)

Quel poète serait, de nos jours, capable de célébrer la venue du printemps plus suavement que ne l'a fait le poète du Cantique des cantiques ?

« Car voici, l'hiver est passé, la pluie est passée et s'en est allée; »
« Les fleurs paraissent sur la terre, le temps des chansons est
« venu, et la voix de la sauterelle a déjà été ouïe dans notre contrée. »
« Le figuier a jeté ses premières figues, et les vignes ont des
« grappes et rendent de l'odeur, lève-toi, ma grande amie, ma belle,
« et t'en viens, etc. » (Ch. II, v. 11-13.)
« Qui est celle-ci, qui paraît comme l'aube du jour, belle comme
« la lune, d'élite comme le soleil ? » (Ch. VI, v. 10.)

Nous connaissons tous les psaumes avec leur langage richement imagé, nous les aimons en partie. L'Ancien Testament contient bien d'autres fragments où respire la joie de vivre.

Mais, avec le Christianisme a commencé le mépris du monde et de la nature.

Je n'ai pas à étudier ce qu'a été réellement le sens de l'enseignement du sage de Nazareth; les opinions à ce sujet sont aujourd'hui encore très diverses, car il est péremptoirement prouvé qu'aucun des quatre Evangiles du Nouveau Testament n'a été composé à l'époque assignée à la vie du Christ, mais qu'ils ne reposent les uns comme les autres, que sur des traditions[1]. Je n'ai pas davantage à détailler ici comment il est arrivé que la doctrine de Nazareth a pu acquérir, dans l'histoire du développement de l'humanité, une importance semblable à celle qu'elle a réellement acquise.

Il suffira, pour le moment, de constater que l'enseigne-

1. L'Évangile selon saint Marc est le plus ancien, et le seul qui ait été écrit dans le premier siècle de notre ère (an 78 à 80 après J. C.).
Voir l'ouvrage éminent du professeur Gust. WOLKMAR : *Jésus de Nazareth et les premiers âges de la chrétienté.* Zurich, 1882.

ment chrétien-apostolique donna lieu à un regrettable *mépris de la réalité*, et présenta le *renoncement au monde* comme une panacée universelle. Pendant les premiers siècles de notre ère, les chrétiens se détournèrent des plaisirs temporels et des jouissances naturelles; tout se portait vers le surnaturel et l'inconnaissable : l'homme ne pouvait atteindre la félicité que par *la foi*. Quelle valeur pouvaient avoir, en face de cela, toute la sagesse humaine, toute connaissance objective de la nature, toute philosophie ou autres sciences ?

On nous a mille fois jeté à la tête ce verset de l'apôtre saint Paul (Rom. ch. I. 22) : « *Se disant sages, ils sont devenus fous !* » — Des paroles semblables sont aisées, et sont devenues le pain quotidien de beaucoup de personnes, soit parce que la nature a mesuré en marâtre leur dose d'intelligence, soit parce qu'ils sont trop paresseux pour continuer, comme êtres pensants, à développer par l'esprit l'étincelle divine de leur raison. En tous cas, il n'est, dans toute la Bible, aucun verset qui soit plus favorable à la paralysie de l'esprit, à la mort de la raison, que ce seul passage de l'apôtre païen; il n'en est également point qui ait, comme un sabot, contrecarré davantage le développement des sciences naturelles dans l'Occident chrétien.

Jésus dépeint le peu de valeur de la science dans des termes plus doux que Paul, l'apôtre trop zélé :

(Matth. ch. V, v. 3) : « Heureux les pauvres d'esprit, car le royaume « des cieux leur appartient. »

Ces « pauvres » sont, naturellement, les ignorants.

On peut voir, dans presque toutes les épitres de Paul, à quel point son christianisme déplaçait l'équilibre de la tendance humaine en le faisant passer d'ici-bas vers l'audelà, et avec quelle vigueur il se reconnaissait ouvertement ennemi de la science :

(Rom. ch. VIII, v. 3) : « Car, si vous vivez selon la chair, vous

« mourrez; mais si, par l'Esprit, vous mortifiez les œuvres du corps,
« vous vivrez. »

Car, il est écrit :

(1re Corinth. ch. I, v. 19, 20, 27) : « *J'abolirai la sagesse des sages,*
« *et j'anéantirai la science des intelligents.* »
« Où est le sage ? Où est le scribe ? Où est le docteur profond de
« ce siècle ? *Dieu n'a-t-il pas fait voir que la sagesse de ce monde*
« *n'était qu'une folie ?* »
. « Mais Dieu a choisi les choses folles du monde pour *confondre les*
« *sages,* et Dieu a choisi les choses faibles du monde pour confondre
« les forts. »
(1re Corinth. ch. III, v. 19) : « Car la sagesse de ce monde est une
« folie devant Dieu; aussi, il est écrit : *C'est Lui qui surprend les*
« *sages dans leur finesse.* »
« LA CONNAISSANCE ENFLE ! » (1re Corinth. ch. VIII, v. 1.)

Nous autres avons l'expérience du contraire : le savoir
n'enorgueillit pas, mais rend modeste; car, plus nous
pénétrons profondément dans la science, et plus clairement nous voyons combien peu nous en possédons et combien nous sommes encore au début de la connaissance.
Où nous avons rencontré les cerveaux les plus *enflés* et les
âmes les plus orgueilleuses, c'est chez ces commodes
ennemis de la science qui, imbibés de la valeur de leur
esprit, arrosent continuellement leurs alentours avec le
verset biblique qui prône leur ignorance. La morgue
spiritualiste a été, de tous temps, l'apanage des « pauvres
d'esprit ». Il y a, sans doute, toujours eu de louables
exceptions — j'en connais de telles, et les aime même de
toute mon âme humaine — mais ; les exceptions confir-
ment seulement la règle.

(2e Corinth. ch. IV, v. 17, 18) : « Car notre légère affliction du
« temps présent produit en nous le poids éternel d'une gloire infini-
« ment excellente. »
« Ainsi, *nous ne regardons point aux choses visibles,* mais *aux*
« *invisibles;* »
(2e ch. V, v. 7) : « Car c'est par la foi que nous marchons, et non
« par la vue. »

La 1re épitre de Jean contient cet avertissement significatif :

(1re St-Jean. ch. I, v. 15) : « N'aimez point le monde, ni les choses « qui sont dans le monde. »

Oui, le mépris du monde et de la nature allait si loin, que le mariage lui-même était déclaré un *mal nécessaire*, une institution en quelque sorte méprisable, n'ayant pour mobiles que de misérables instincts animaux ; à cette manière de voir, quelques sectes chrétiennes (p. ex. les sectateurs de Jacob Boehme) se sont strictement conformées, et elle justifie le célibat des prêtres catholiques-romains.

Le respect de la femme a peu gagné à cette conception[1].

Les versets cités ne sont que quelques-uns des nombreux certificats qui démontrent que le mépris de la nature et du monde a été prêché par les fondateurs et les apôtres du Christianisme.

Et, comme nous pouvons le constater, c'est cette religion ordonnant le renoncement au monde et le mépris de la nature qui fut appelée plus tard à devenir la religion d'état de l'Occident.

Les Grecs et les Romains — nations païennes — avaient déjà bien débuté dans la science descriptive de la nature, lorsque la parole du Christ résonna au-delà des mers.

Aristote — an 384 à 322 avant J.-C. — a laissé plusieurs ouvrages d'histoire naturelle, dont, entr'autres, un système du règne animal et du monde végétal érigé par lui. Comme de juste, ce système ne pouvait tenir debout, car, en fait d'histoire naturelle, les connaissances de l'auteur concordaient avec la culture scientifique de son époque, et étaient non seulement défectueuses, mais, aussi, mélangées de vues enfantines et supertitieuses. Néanmoins, chose digne

---

1. De nos jours, la raison humaine tend, au contraire, à considérer la femme comme l'égale de l'homme, car elle est la condition de l'être et de la prospérité du genre humain.

de remarque, le « système de la nature » d'Aristote fut, dans la suite, considéré, dans l'Occident chrétien, comme l'alpha et l'oméga du savoir humain, et a été utilisé jusqu'aux temps modernes, dans les écoles chrétiennes, comme bases de l'histoire naturelle.

Dans ces temps lointains, qui nous reportent à 2000 ans en arrière, les philosophes grecs et romains agitaient déjà les questions les plus importantes qui aient jamais traversé cerveau humain ; des questions telles que : la naissance et la mort, l'origine et l'essence de toutes choses, l'existence des Dieux, et la destination de l'homme.

La fantaisie humaine exprime, dans les mythologies grecques et romaines, son langage le plus hardi. Les nombreuses divinités sont, pour la plupart, des personnifications poétiquement déguisées des forces de la nature, et des vertus, vices et passions de l'homme. Le dieu principal — Jupiter — Zeus était représenté comme un gaillard aussi amoureux que l'esprit le plus poétique le puisse concevoir et célèbre par des contes bleus et des légendes. Le cortège de sous-divinités des deux sexes, de courtisans et de courtisanes, toute la foule des Dieux de l'Olympe, ne valaient naturellement pas mieux que leur chef suprême. L'envie et la défaveur, l'amour et la haine, la jalousie et la persécution, l'amour des plaisirs et la luxure, toutes les passions et les folies humaines imaginables, jouaient, chez les divins habitants du ciel grec, le même rôle qu'ici-bas sur la terre, dans notre humanité. Mais du moins, dans toute la mythologie, *la beauté gardait ses droits*. Les travaux de *sculpture*, remontant à cette époque, et dont les débris ont été dernièrement mis au jour par les fouilles, sont admirés actuellement par Juifs, Chrétiens et Païens, et considérés comme les chef-d'œuvres les plus parfaits qui soient jamais sortis d'une main d'artiste.

Nous n'avons pas à exposer ici comment toute cette splendeur grecque et romaine, comment ces beaux débuts de connaissances en histoire naturelle, comment les œuvres de l'art et de la poésie ont été foulés aux pieds, et mis en ruines, avec l'empire romain, par la « marche de l'histoire du monde ». L'empire romain serait *aussi bien* tombé en décadence *sans* le Christianisme, par les mêmes causes qui occasionnent encore actuellement la ruine de vastes empires et de grandes nations.

Je ne puis non plus prendre à tâche de faire un tableau du cours des évènements jusqu'au moment où la croix de Golgotha, pour symboliser sa victoire sur la terre, étendit l'ombre de ses bras sur les ruines des empires païens. Mais, ce qui est à remarquer, c'est que, comme conséquence logique de la victoire de l'Église chrétienne, le *fanatisme de l'ignorance* régna en souverain pendant une longue suite de siècles, et que cette ignorance, si facile à entretenir, faisait partie de l'idéal des ecclésiastiques et des évêques, et était glorifiée comme un suprême bonheur. Citons les propres paroles du prêtre Eusébius (iv⁰ siècle de notre ère), qui dit crûment :

« Ce n'est pas par ignorance que peu tenons pour bonnes les « sciences, mais c'est pur *mépris* pour leurs efforts inutiles et parce « que nous tournons nos âmes vers des choses meilleures. »

En l'an 391 après J.-C., la bibliothèque d'Alexandrie (Egypte), qui était la plus célèbre du temps, et contenait 700.000 volumes et rouleaux de parchemin, fut brûlée par les chrétiens fanatiques, sous la conduite de *l'arche-véque* Théophile. A cette époque vivait Hypathie, grecque renommée pour sa beauté, sa pureté, et ses connaissances scientifiques, qui s'en fut à Athènes, pour étudier la philosophie. De retour à Alexandrie, cette dame étudiait la philosophie d'Aristote et de Platon. Cette savante personne fut assassinée d'une façon cruelle lors d'un soulèvement provoqué parmi les chrétiens par le patriarche Cyrille.

Ainsi s'amoncelait, toujours plus sur le monde le sombre nuage de l'obscurité intellectuelle. Ce furent des Arabes mahométans qui recueillirent plus tard le peu des sciences orientale et grecque, qui avait échappé au fanatisme aveugle des Chrétiens de l'Occident : hélas, ce n'étaient plus que des débris !

Mahomet, qui tenait en grande estime Moïse, le législateur et guide du peuple Juif, était du reste lui-même grand ami de la sagesse : il trouvait, à ce que l'on raconte, que l'encre des savants est plus sacrée que le sang des martyrs, et que la raison est la meilleure œuvre de Dieu.

Plusieurs siècles après, le réformateur Luther a qualifié cette même raison (« la meilleure œuvre de Dieu » suivant Mahomet) d'une épithète entièrement opposée, épithète qu'un homme convenable ne se permet pas de prononcer, au moins devant des femmes et des enfants.

Tandis que, sous la domination des Arabes mahométans, les écoles scientifiques florissaient en Espagne comme elles ne l'avaient jamais fait auparavant, et ne le firent jamais dès lors — sous la domination du Christianisme aspirant au ciel, les ombres de l'ignorance et du mépris de la science s'étalaient sur certaines parties de l'Europe. Dans notre charmant pays, du lac de Constance au Léman, depuis les Alpes au Jura, les prêtres et les régents ne furent, pendant longtemps, pas même capables de lire. En effet, un historien célèbre raconte que, lorsque (1170 à 1230) le troubadour Watter de Vogelweide fit une visite à un monastère renommé, à Saint-Gall, il se trouva que l'abbé Konrad, ainsi du reste que tout son chapitre, ne possédait pas la moindre notion de l'art... *d'écrire !*

C'est une erreur généralement admise, ou, tout au moins, une forte exagération, que de prétendre que les couvents aient jamais été des réceptacles de la culture intellectuelle et scientifique. Nous le voyons dans ce fait, que le matériel de l'écriture était chose absolument inconnue dans les cloîtres de divers pays et contrées. Lorsque (1304 à 1374) le célèbre poète Pétrarque, découvrit, à Liège, les discours de Cicéron, il exprima le désir de les copier : or, il arriva qu'il n'y avait pas *un seul* des nombreux monastères du pays qui possédât *une goutte d'encre.*

En face d'un semblable état de choses, nous n'avons pas à nous étonner en lisant que, dans les grands conciles de Tours (1163) et de Paris (1231), *la lecture des traités de physique* fut interdite, comme *coupable.*

Le pape Boniface VIII (mort en 1303) — cet inventeur génial du « Jubilé » qui tira, pour longtemps, de tout embarras financier le siège papal — défendait aux médecins et aux étudiants en médecine la dissection des cadavres humains, « à cause de la résurrection », identiquement comme, pour le même motif, le pape actuel interdit la crémation à ses fidèles.

En 1317, une bulle du pape Jean XXII défendit l'étude de la chimie. Quiconque se permettait, au mépris de cette interdiction, d'étudier les phénomènes de la nature, ou de réfléchir sur le monde visible, était sévèrement poursuivi, et accusé de sortilège, soit comme hérétique, soit pour avoir eu des accointances secrètes avec le diable ; puis, pour ces motifs ou pour d'autres, on le faisait violemment passer de vie à trépas. La persécution fanatique de toute velléité de savoir ou d'étudier, organisée systématiquement pendant des siècles par des piliers de sacristie, finit par produire une affection générale de l'esprit, qui sévit sur la presque totalité de la population chrétienne de l'Europe, et coûta la vie à d'innombrables milliers d'êtres innocents. La maladie intellectuelle de la *croyance aux sorciers* fut cause que, par exemple, en une seule année (1659), 1200 personnes furent brûlées vives dans le seul évêché de Bamberg, et jusqu'à 6500 dans l'archevêché de Trèves. La Suisse n'échappa pas à la contagion : à Lucerne, en 1652, une femme de 85 ans, amenée par la torture à faire des aveux, fut martyrisée avec des raffinements de cruauté, puis brûlée vive. La même année, une petite fillette de 11 ans, Catherine Schmiedli, « fut étranglée dans la tour, *sans* proclamation, jusqu'à ce que mort s'ensuivit ; puis mise dans un sac et brûlée — pour « avoir *fait des petits oiseaux*[1] », et vu que l'on ne pouvait espérer d'améliora-tion ». — (Procès-verbal du conseil).

On peut également lire, dans le registre de la tour de Lucerne (1659) :

« Un petit être âgé de 7 ans, nommée Catherine, ayant tenté Dieu
« de la sorte, fut *égorgée contre un pilier de la tour*, puis brûlée
« par la Haute-Cour. »

Ce qui fait le mieux ressortir à quel point toute la vie spirituelle de la chrétienté occidentale était vouée à l'igno-rance, c'est le fait que, même dans les Universités luthé-riennes, l'amour de la nature était considéré comme un commerce diabolique : une thèse doctorale, soutenue en 1644 dans l'Université de *Tubingue*, range les « relations avec la nature » au nombre des « relations avec des choses suspectes », et désigne la connaissance des phénomènes naturels comme « un savoir n'étant pas convenable à un chrétien ! »

Oui, oui! il est écrit : « Je réduirai à néant la science du sage, et je confondrai la raison des intelligents. »

Et c'est pour ce motif que l'on a allumé des centaines de mille bûchers homicides qui ont répandu dans les vallées une odeur de sorciers qui persiste encore, *de nos jours!*

Les traditions de l'Ancien Testament, déclarées, de par les pères de l'Église et les évêques, d'inviolables et divines révélations; toute une collection d'écrits, le « Nouveau Testament », composés *longtemps après* la mort du Christ, et légués aux autels de l'Occident par ces mêmes bergers de l'Église chrétienne, après qu'ils les eurent manipulés et adaptés au but qu'ils poursuivaient, après qu'ils les eu-rent façonnés selon *leurs* intérêts; tout cela *forma une base* inattaquable de l'enseignement chrétien.

La conception de l'univers, pour toute l'Église chré-

1. Cette fillette n'avait commis d'autre péché que d'avoir façonné des petits oiseaux en terre glaise! (*Note du traducteur*).

tienne, s'appuyait ainsi exclusivement sur le récit mosaïque de la création. En conséquence, *la terre était*, et *devait rester*, le point *central*, le *principal but* de l'univers ; le soleil, la lune, et les étoiles circulaient tout autour. On a donné à cette grossière *erreur* le nom de *géocentrique*.

Le système des mondes de *Ptolémée*, adapté à la tradition biblique, fut sanctionné par les pères de l'Église, et dut à ce fait de jouir, pendant quatorze siècles, d'une faveur générale dans notre Occident. Ce système établit dans le ciel sept sphères par lesquelles le soleil, la lune et les étoiles tournaient autour de la terre. Au dessus de ces sept sphères, les fidèles chrétiens installèrent le « ciel » des élus, l'habitation de Dieu, et le royaume de son armée céleste. Cette partie de l'univers fut appelée : l'Empirée.

Lorsque nous nous reportons à cette conception enfantine, notre propre enfance nous revient involontairement à la mémoire, avec le doux cortège de ses rêveries fantastiques. A la nuit tombante, que de fois l'un ou l'autre d'entre nous, étant enfant, a réchauffé de sa chaude haleine les carreaux de la fenêtre, pour dissiper les cristallisations ramifiées, de façon à pouvoir plonger ses regards, bien plus haut que le blanc champ de neige, dans le monde scintillant des étoiles ! Alors, nous nous représentions ce beau ciel bleu comme un dôme, formant une coupole hémisphérique dont les bords devaient reposer sur la terre. Et, cette immense voûte d'azur, nous la voyions perforée de trous innombrables, grands et petits, au travers desquels la brillante lumière de la céleste splendeur pénétrait jusqu'ici bas, sur terre, pour nous faire pressentir l'éclat et la douceur des espaces de l'au-delà. Donc, dans notre fantaisie enfantine, toute la multitude des étoiles brillant au ciel devenaient de petites ouvertures établissant une communication entre la demeure de Dieu et celle des humains.

L'organisation de l'univers inventée par Ptolémée, qui

fut accréditée jusqu'en 1543, dans l'Occident chrétien, d'une façon presque incontestée, n'était pas plus naïve que nos rêveries.

L'histoire des erreurs doit, le plus souvent, s'occuper de très longues périodes : *Plus formidable est une erreur, plus facilement elle est acceptée, et plus longue est la vie qu'on peut lui prédire;* car l'humanité, encore dans sa layette, a atteint cet âge, pendant lequel, on le sait, les rêveries et les contes fantastiques exercent leur plus grand prestige sur les âmes ignorantes.

En **1543**, l'astronome polonais COPERNIC produisit son œuvre, qui devait bouleverser le monde, parce que, appuyée sur des preuves scientifiques, elle introduisit le fait que :

la terre N'EST PAS *le centre de l'univers*, mais bien une planète circulant autour du soleil.

Ce fut l'*astronomie*, la plus *exacte* de toutes les sciences, qui porta le premier coup mortel à la tradition mosaïque. L'astronomie a scruté la mécanique de l'univers, et a fourni la preuve mathématique que notre terre ne glisse dans l'éther cosmique que comme un point imperceptible, grain de poussière échappé du soleil.

Aujourd'hui, chaque écolier de 12 à 14 ans sait : que notre terre fait un tour sur son axe en vingt-quatre heures; que, dans l'espace d'une année, elle a accompli sa complète révolution autour du soleil; que, par rapport à ce dernier, elle n'est qu'un modeste courtisan, de même que ses sœurs, les planètes Vénus (étoile du matin et du soir), Mars, Jupiter, Saturne, et une masse de petits corps célestes ; cet écolier sait encore que la lune est un satellite de la terre, que la planète Jupiter a même plusieurs lunes ; que Saturne est accompagné d'un anneau et de quelques lunes, et que sa densité ne représente que les 740ᵉ de celle de l'eau, et a, à peu près, la même pesanteur que le bois de tilleul; que l'année dure, sur Saturne, plus que vingt-neuf années terrestres, etc., etc.

L'astronomie, au moyen de ses instruments, pénètre dans les lointaines profondeurs de l'univers ; elle calcule l'orbite des étoiles vagabondes, et, un siècle à l'avance, elle annonce les éclipses de soleil et de lune, si exactement qu'il n'y a pas une minute d'erreur lorsque le phénomène se réalise ; elle calcule le poids des planètes ; elle pèse sur les plateaux de la balance de ses formules notre terre tout entière, et le globe incandescent du soleil; elle a traduit à l'esprit humain, en chiffres appréciables, les lois immuables du Cosmos; l'astronomie, *la première* — *la première* de toutes les sciences naturelles — a remplacé les croyances enfantines et les erreurs fantastiques par *le brillant flambeau de la* CONNAISSANCE *scientifique*. —

Mais... l'Église n'a pas supporté pareil outrage !

Par crainte de cette institution anti-scientifique, ce ne fut qu'au déclin de sa vie, ce ne fut qu'alors que la mort faisait déjà grelotter ses os, que Copernic osa se hasarder à confier à l'impression son œuvre, déjà terminée en 1507. Trente-six années durant, Copernic a gardé ses connaissances pour lui seul, sachant que, du jour où il propagerait ces vérités, il aurait maille à partir avec les tenailles de torture des chevaliers de la foi.

L'astronome de Thorn mourut en 1543, l'année même de la publication de son ouvrage. Sa mort, toute naturelle, fut un bienfait pour lui, car l'Église considéra ses théories comme une épouvantable hérésie; elles étaient, en effet, en opposition directe avec le dogme de la révélation ! Et l'on put voir que l'Église, dans de semblables questions scientifiques, n'entendait pas la plaisanterie, lorsque, 57 ans plus tard, le 16 février 1600, elle brûla vif, comme hérétique, sur un bûcher flambant à Rome, un des plus grands hommes, une étoile de cette époque : Giordano Bruno. Aussi grand savant et poète que chercheur et propagateur de la vérité, cet être infortuné n'avait commis d'autre hérésie que celle d'avoir glorifié dans ses œuvres la théorie de Copernic !

90 ans après la publication du système des mondes de Copernic, l'Église traîna devant le tribunal de l'Inquisition, à Rome, le plus grand physicien et astronome du temps, *Galiléo Galilée:* et alors (1633) ce savant dut abjurer sa conviction scientifique devant les prêtres, les cardinaux et les juges de la *très sainte* Inquisition, devant des hommes qui ne connaissaient peut-être pas même les calculs de décimales ! Les ignorantins avaient pour eux la force, et s'entendaient fort bien à faire de leur pouvoir l'emploi qu'ils pensaient être le plus utile à leurs intérêts.

Mais, malgré tout, la vérité scientifique est plus puissante que la foi ignorante. En effet, — dans l'espace de deux siècles — Copernic a enfin vaincu Moïse, et cela de telle sorte que tout écolier chrétien apprend aujourd'hui comme vérité ces mêmes théories pour lesquelles Giordano Bruno fut brûlé par les croyants.

> L'Église a *dû s'accommoder* à cette désagréable circonstance de la victoire de la vérité de Copernic sur l'erreur de Moïse — et, l'expérience le démontre, elle n'en est pas morte; mais, conséquente avec sa nature, elle est restée une négation permanente, protestant contre tout progrès des connaissances scientifiques naturelles; toujours et continuellement préoccupée du souci d'opposer des digues au *savoir* et d'entretenir, pour la foi, la vaste arène de l'*ignorance* aussi libre que possible. Ce fait n'a pas contribué à lui donner de la considération, et deviendra néfaste pour l'Église, si elle continue dans cette voie.

Je n'entreprendrai pas de peindre ici, en détail, le mode du développement des connaissances scientifiques naturelles dans le siècle passé. L'invention de l'imprimerie, la découverte de l'Amérique, la Réformation, la résurrection des études classiques et la poussée des idées philosophiques, qui commençaient à s'imposer de plus en plus à l'Occident; — toutes ces causes, et bien d'autres, aboutirent finalement à ceci : ce fut que le besoin humain de *connaître* commença à se porter, bien plus que ce n'avait été le cas jusqu'ici, sur le monde de *la réalité*, sur le monde terrestre accessible aux organes de nos sens, et qu'il se mit à cultiver tous les champs de l'histoire naturelle.

Ces recherches intenses dans le domaine de la nature eurent, déjà dans le siècle précédent, des débuts pleins de promesses. Les sciences naturelles commençaient à devenir une puissance, mais elles n'en continuèrent pas moins, jusqu'en plein xixe siècle, à être, comme devant, persécutées et entravées par les préjugés de la foi.

Encore au début du siècle actuel, qui fut pourtant appelé le « siècle des lumières scientifiques », Lamark ne trouva pas de partisans pour sa théorie de la descendance naturelle ; en premier lieu, et comme de juste, à cause des préjugés religieux contre la descendance en général, puis aussi à cause du défaut de bases solides de cette nouvelle théorie, que le savant Français publia, en 1809, dans sa « Zoologie philosophique ».

En 1830 encore, à Paris, pendant la révolution de Juillet, la foi à la révélation et la raison étaient, au sein de l'Académie des sciences, deux adversaires, acharnés l'un contre l'autre. C'est alors que l'on entendit les controverses entre Cuvier (partisan de la théorie diluvienne de Moïse), qui admettait même plusieurs déluges universels qui auraient détruit tout ce qui existait, et Geoffroy Saint-Hilaire, partisan de la théorie opposée ; cette discussion de la foi fut si vive qu'elle produisit une grande sensation dans les journaux et ouvrages scientifiques. Naturellement, l'Académie française trancha, une fois de plus, la question en faveur de l'antique conception ; — mais ce fut bien là une dernière victoire remportée par la tradition mosaïque dans une corporation composée d'hommes versés dans les sciences naturelles, et d'une haute érudition.

Il est vrai de dire qu'il parût, dans le mois de Juin de

la même année (1830), la 1re édition de l'important ouvrage :
« *Bases de la géologie* », publié par le savant géologue
anglais *Charles Lyell*; il est clairement démontré, dans son
œuvre, qu'il n'y a pas eu un *unique* déluge *universel* dans
le sens mosaïque, et encore moins plusieurs, mais bien
qu'une lente, progressive, et graduelle évolution a fonc-
tionné, à travers les diverses périodes géologiques, au sein
du règne organique.

Dans l'espace de 10 ans (1830-1840) cette œuvre atteignit
six éditions en langue anglaise et exerça une influence progressiste incroyable sur le développement subséquent de
la géologie. On reconnut : que la croûte terrestre a une
histoire évolutive toute naturelle; que les mêmes forces
qui sont, de nos jours, en activité dans la nature la régis-
saient déjà dans les temps passés ; que la science n'a nullement besoin de recourir aux « miracles » pour expliquer
les phénomènes terrestres, mais que, bien au contraire,
tous les événements de la nature trouvent, dans le temps
passé comme dans le temps actuel, leur explication dans
l'activité et la seule influence des forces naturelles qui,
nous sont maintenant connues.

Entre-temps, le nombre des observateurs qui acceptaient
plus ou moins la descendance s'augmentait peu à peu dans
le camp des naturalistes, sans rencontrer trop d'opposition, l'église ayant sagement reconnu qu'elle ne courrait
aucun danger, aussi longtemps que ces théories hérétiques
n'auraient cours que dans le cabinet du savant, tandis que
le peuple continuerait à se taire, et à croire.

DARWIN ET SON ÉPOQUE

L'idée de la descendance qui, il y a des milliers d'années, avait, chez les anciens philosophes grecs, déjà franchi
le seuil de la connaissance, qui, plus tard, en 1809, avait
été secouée de sa torpeur, sans toutefois se réveiller
entièrement; cette grande idée ne put, dès lors, trouver

le repos. Tantôt ici, tantôt là, elle illuminait de temps à autres l'horizon intellectuel du temps, sans détonner encore, sans roulement de tonnerre. Mais l'orage était dans l'air ; il pouvait à chaque instant éclater, et, effectivement, il éclata bientôt, lorsque, en 1859 — il y a donc aujourd'hui une trentaine d'années — l'*œuvre considérable de Darwin* fit son apparition.

Ce livre, sur « *l'évolution des espèces par sélection naturelle, ou la résistance des genres les plus favorisés dans la lutte pour l'existence* » représente le résultat de 22 années de travail d'esprit et de recherches. Sa publication est un *fait historique* qui a autant d'importance que l'œuvre de Copernic.

Dans le fait, *Darwin est le Copernic du monde organique*, comme l'a justement nommé Dubois-Reymond, président de l'académie de Berlin.

Avant Darwin, plusieurs penseurs et savants avaient déjà déclaré que le supérieur descend de l'inférieur, et que le plus parfait eut un moins parfait pour ancêtre ; mais cette vérité de la descendance ne put atteindre son effet rayonnant et encourageant, son inspiration vivante et stimulante, que lorsqu'elle fut étagée par une théorie générale qui expliqua la méthode, le « pourquoi » de l'évolution. On peut vraiment dire que la théorie darwinienne de la sélection, qui sera spécialement traitée dans la troisième conférence, a serti dans l'or le beau diamant de la théorie de la descendance. C'est par la brillante garniture d'or pur de l'argumentation scientifique que ce bijou splendide a acquis sa valeur réelle.

L'ouvrage de Darwin fit son apparition un matin de l'année 1859 : le soir du même jour, tout était vendu. Il parut dès lors édition sur édition, et ce livre fut traduit dans toutes les langues des pays civilisés. Cette théorie de la descendance des espèces végétales et animales que l'on avait jusqu'alors tenue pour éternellement invariable, cette théorie révolutionnaire s'introduisit comme un brillant éclair dans le camp des naturalistes, où bien des vieux maîtres, champions de l'église, dormaient encore dans le doux sommeil de la foi: Ce fut, en réalité, un orage intellectuel qui se déclara alors pour se répandre de là sur tout le monde civilisé, balayant les plaines de côtés et d'autres par l'ouragan et la grêle.

Darwin prouve, par des milliers de *faits* naturels, que tout organisme élevé provient d'une forme inférieure; que tous les êtres vivants, plantes, animaux et... hommes, ont dû avoir leur origine dans les organismes les plus simples, et que (soumis à la seule loi de l'adaptation dans la lutte pour vivre) ils ont évolué, au cours d'immenses périodes, de millions d'années, et très lentement, jusqu'à ce que, se perfectionnant sans cesse, ils atteignissent les degrés supérieurs de l'organisation.

Je démontrerai, dans ma troisième conférence, à quel point cette théorie est simple et saisissante, si simple et si saisissante que je prétends qu'il est aisé de la rendre compréhensible à tout élève de 14 ans, fût-il même très médiocrement doué. Mais l'Église et ses chefs, ainsi que tous leurs innombrables partisans, font à la théorie de la descendance la même opposition qu'ils firent, dans le temps, à l'idée bouleversante du système de Copernic.

En 1859, une lutte s'engagea, telle que l'histoire de la civilisation de l'humanité n'en avait pas vu depuis les jours de la Réformation.

Parmi les naturalistes vivant à cette époque, il y avait — comme je l'ai observé plus haut — encore passablement de vieillards qui, dans leur conception du monde (si toutefois ils en avaient une quelconque), se basaient sur Moïse, et croyaient sincèrement à une création miraculeuse. Tous les savants appartenant à cette catégorie se rangèrent immédiatement contre Darwin; mais on vit plusieurs d'entre eux, après qu'ils eurent étudié avec zèle ses œuvres, dans l'intention de faire ressortir les erreurs et les faiblesses de la nouvelle théorie, renoncer bientôt à leurs préjugés, et devenir, d'ennemis qu'ils étaient, de chauds partisans et défenseurs de la descendance.

D'autres, par contre, restèrent jusqu'à la mort les irréconciliables adversaires de l'idée de l'évolution.

Bientôt tous les naturalistes de premier ordre qui étaient détachés des dogmes de la foi, et tous les jeunes savants, doués d'un esprit scientifique et indépendant, se rangèrent du côté de Darwin. La lutte entre les partisans et les ennemis de la théorie de la descendance dura environ 20 ans parmi les naturalistes de profession. Mais les rangs des adversaires s'éclaircirent sans cesse, ceux des partisans devinrent toujours plus compactes et serrés, jusqu'à ce qu'enfin l'école de Darwin remporta une victoire complète sur le champ de bataille de la science. Même des autorités dans la matière, après avoir déclaré insuffisant le principe de la sélection naturelle par la lutte pour la vie (probablement parce que ce principe rend superflue l'intervention d'un Créateur agissant); même de pieux adversaires de la théorie de la sélection, durent avouer que l'on pouvait à peine nier la descendance. Une de ces pieuses autorités ne fut autre que mon prédécesseur, le *Dr Oswald Heer*, dont la science était certes aussi élevée que sa crédule piété. Il est parvenu à mettre à l'unisson, dans son esprit, l'idée de la descendance avec ses besoins métaphysiques d'un Créateur du monde. Il est vrai de dire que *O. Heer* enseigne l'intervention accidentelle d'un Créateur extra-naturel en exposant l'idée que les plantes et les animaux des diverses périodes furent, occasionnellement, tranformés et perfectionnés par le Dieu tout-puissant. Mais, au fond, ce « transformisme des types » est toujours de la descendance : le supérieur naît de l'inférieur, et les ancêtres du genre humain furent tout aussi certainement des animaux d'après sa conception, que d'après la théorie de Darwin.

En Allemagne, depuis 1860, *Hæckel*, à Iéna, *Nægeli*, à Munich et *Kölliker*, à Würzburg, travaillèrent à la vulgarisation de la théorie darwinienne, et se déclarèrent ouvertement pour la descendance, dans des cours donnés aux universités de ces villes. Bien d'autres traitèrent le même sujet dans des écrits populaires ; tels furent : *Dub, Seidlitz, L. Büchner*, et, plus tard, *Carus Sterne ;* à Padoue, en Italie, le vaillant zoologue *Canestrini*.

Au commencement de 1870, étant professeur agrégé, je me risquai à enseigner franchement, à Zurich, dans les deux écoles supérieures (Université et Polytechnicum), la théorie de la descendance, ce qui me procura une opposition haineuse d'une part, mais une reconnaissante approbation d'autre part[1]. Depuis cette époque, le darwinisme a même été présenté une fois d'une façon sympathique dans une conférence semestrielle donnée, dans notre polytechnicum, par un ministre protestant.

A l'heure qu'il est, on peut affirmer, sans être taxé d'exagération, que, depuis 1870, la théorie de la descendance a eu son représentant officiel dans toutes les universités de langue allemande. La question de la descendance n'est plus mise en doute par les savants qui s'occupent de l'étude des organismes morts ou vivants — le fait n'est même plus discuté, et si, dans un congrès de naturalistes, une personne persistait aujourd'hui à vouloir opposer à la descendance le créationnisme surnaturel dans le sens que lui donne Moïse, cette personne serait examinée avec admiration, comme un fossile vivant des premiers âges, et, avec un sympathique sourire, l'assemblée la recommanderait comme sujet aux hypnotiseurs. D'où il ressort que la théorie de la descendance a remporté une victoire complète.

L'Académie française elle-même, le corps le plus savant, mais aussi le plus conservateur qui soit en France, après s'être, pendant longtemps, tenue sur la défensive vis-à-vis de Darwin, a fini par embrasser la cause de la descen-

---

1. Consulter : *La nouvelle Histoire de la Création,* par Dodel (Leipzig, Brockhaus, 1875).

dance. Darwin vécut assez longtemps pour se voir nommer membre honoraire de cette institution.

On peut en dire autant de l'Académie de Berlin, qui possède, en la personne de son président Dubois-Reymond, un des premiers adhérents au Darwinisme. La théorie de la descendance est également accréditée actuellement dans l'Académie des Sciences de Saint-Pétersbourg, dans les Académies de Bavière et d'Autriche, donc même dans des pays d'un tempérament religieux très-développé; les sociétés savantes de l'Italie — sauf, naturellement, l'Université cardinale du Vatican — ont aussi adhéré à la théorie de la descendance. Lorsqu'on connaît le caractère grand et vraiment noble du monde savant en Angleterre, on comprend aisément comment il se fait que presque toutes les sociétés scientifiques de ce pays ont tenu à nommer Darwin membre honoraire.

Comme nous l'avons vu, cette métamorphose dans le monde savant s'est accomplie dans l'espace d'une vingtaine d'années.

Les choses se passèrent tout différemment chez les GENS D'ÉGLISE, qui se posèrent d'emblée, à peu d'exceptions près, en adversaires de la théorie de la descendance.

Un cri d'indignation partit alors du troupeau des bergers spirituels.

   « Et quoi! les naturalistes prétendraient sérieusement
    « vouloir oser enseigner que les ancêtres de l'homme
    « furent des animaux? Quoi! l'humanité — notre
    « propre race divine, — aurait eu pour origine des
    « organismes inférieurs, et même, elle aurait eu
    « pour ancêtres des types Simiens! »

De suite, grand vacarme dans toute la chrétienté : les orthodoxes fanatiques courent aux armes « au nom du Seigneur », pour écharper les Darwinistes. L'Église se met en campagne contre les naturalistes, et un torrent de pamphlets est mis au jour.

Mais — reconnaissons-le ici franchement, — la lutte

était très inégale; les armes n'avaient pas de rapports les unes avec les autres, pas plus que ce ne serait le cas si, aujourd'hui — à l'époque actuelle, — les enfants d'Israël voulaient, sous la conduite de leur vieux Josué, tenter d'assiéger la forteresse savamment fortifiée de Strasbourg, et espéraient la forcer à se rendre par l'éclat retentissant de leurs « trompes guerrières ». (Voir Josué, ch. VI).

Les *naturalistes* campaient et combattaient sur le solide terrain des faits indiscutables et de la saine raison humaine; ils n'alignaient que des vérités affirmées scientifiquement, des observations innombrables faites dans le domaine de la nature vivante, qui avait, tout à coup, appris à parler le clair langage des expériences et des procédés scientifiques; il y avait là tout un matériel d'armes défensives, engins qui sont, dans la règle, inconnus aux théologiens.

Les *fougueux théologiens*, eux, combattaient par-contre presque exclusivement avec l'arme émoussée de la foi et de la conception dogmatique. Le son des trompes était aussi retentissant que devant Jéricho, le cri de guerre était aussi puissant: mais les murailles de la nouvelle Jéricho ne s'effondrèrent pas; on put voir, au contraire, les assiégeants couvrir çà et là le terrain, atteints de profondes blessures, et il arriva même souvent qu'ils passèrent sains et saufs, du côté des assiégés.

On a vu de singulières choses, durant ce premier combat entre la théologie et la descendance, entre Moïse et Darwin. Combien de théologiens anti-darwinistes ont oublié, emportés par leur excès de zèle — qu'ils ignoraient les armes de leurs adversaires, et n'avaient *aucune connaissance des sciences naturelles!* — et combien de ces combattants se sont rendus ridicules! Maint autre théologien a pris la peine de pénétrer, par la voie de sérieuses études privées, dans le grand domaine de la nature — et n'a pas tardé à rendre les armes au darwinisme. D'autres, bien vite convaincus de l'inégalité des chances entre les deux partis, ont préféré désarmer, parce qu'ils prévoyaient le triomphe de l'ennemi : — ils se turent, persuadés que la foi se verrait simplement forcée de *se soumettre*, ou, mieux, de *s'adapter*. Le nombre des théologiens qui partagent actuellement cette opinion, est considérable ; il s'accroît de jour en jour, et arrivera à former majorité. Il ne sera pas oiseux de nous remettre ici en mémoire quelques-uns des épisodes de ces jours de lutte entre la foi et la science, car il en est de très instructifs et significatifs :

Nous voyons l'éminent théologien *David Fr. Strauss*, criticiste éminent, qui, déjà au commencement de 1870, se déclare librement et avec un joyeux enthousiasme, dans son ouvrage *l'Ancienne et la nouvelle foi*, partisan de la descendance darwinienne, et qui appuie sa « nouvelle foi » sur les bases de la théorie de l'évolution. Il est triste de devoir ajouter que ses disciples l'ont lâchement abandonné. Strauss avait produit 20 ans trop tôt toutes ses œuvres, pleines de mérite. Son sort, véritable martyre, n'est certes pas un encouragement pour les partisans de l'affranchissement de l'esprit ; cependant, comme Giordano Bruno, il obéit, lui aussi, au besoin de vérité qui résidait en lui.

Le célèbre prédicateur *Henri Lang*, pasteur de l'église Saint-Pierre, à Zurich, nous offre encore l'exemple d'un théologien dans le sens libéral ; en effet, quoique pénétrant sans doute moins profondément que *Strauss* dans les problèmes des sciences naturelles, *Lang* fit à la liberté intellectuelle du protestantisme des concessions telles qu'il ne faisait du moins aucune opposition théologique à la théorie de la descendance. Dans son livre : *La religion au temps de Darwin*, il engage une forte polémique contre Strauss, mais déclare ouvertement ceci :

« Je ne vois pas ce que la religion, ce que la foi, peuvent avoir à « objecter, si la science réussit, par des preuves toujours plus fortes « et toujours plus nombreuses, à constater cette marche des choses « (il s'agit de la théorie de la descendance), et le mode de formation « des mondes d'une manière ou d'une autre. » (« Question d'époques et de discussion ». Berlin, 1873, 31° livr., p. 40).

Mon très estimé maître et ami, le Pr *Charles de Nægeli*, assista, à Munich, à un fait des plus rares : Du 18 au 25 septembre 1877, se trouvaient réunis, dans la capitale de la Bavière, de 1500 à 2000 savants — c'était à l'occasion du 50° Congrès des naturalistes et médecins allemands ; — là, au cours des trois principales séances, de longs discours, émanant de représentants (les plus autorisés) des sciences, furent entendus sur la descendance et le Darwinisme. *Hæckel*, le Darwin allemand, parla de « la théorie actuelle de l'évolution, par rapport à la science en général » ; alors fut, pour la première fois, démontrée nettement et clairement la nécessité d'introduire la théorie de l'évolution dans l'enseignement de la jeunesse. — *Nægeli* traita « des limites des connaissances dans le domaine des sciences naturelles », et il démontra — en s'appuyant sur la théorie de la descendance — de quelle façon tout le monde visible se révèle, à l'œil investigateur de l'homme, comme un tout soumis à des lois *naturelles* (et non surnaturelles), si bien que même les phénomènes appelés spirituels ne représentent que des faits *naturels*, qui peuvent, aussi bien que les changements chimiques ou physiques des corps matériels, être soumis aux investigations de la science ; il démontra que, par conséquent, la connaissance de l'esprit et de la conscience de l'homme *ne devait pas* être considérée comme une impossibilité, mais que la nature de ces phénomènes pouvait, sans l'aide de la théologie, être reconnue au moyen des sciences naturelles. Déjà en 1860, *Nægeli* avait publié, sur la « Conception de l'histoire de la nature », une dissertation académique, expressément dirigée contre toute idée de *foi aux miracles*. Cela le fit regarder comme un adversaire dangereux, par les fanatiques croyants et par les représentants de la Cour céleste. Or, qu'arriva-t-il après cet intéressant congrès des naturalistes à Munich ?

Le « Vaterland » (la « Patrie »), organe bavarois archi-ultramontain reproduisit, « in extenso » tout le discours de

Nægeli, et le présenta comme une production remarquable de l'esprit humain ! Et on put lire cela dans les colonnes d'une feuille religieuse jusque-là ennemie acharnée, et dont la réputation était notoire !

Et le révérend chevalier de Saint Georges ne fronça pas même le sourcil ! Comment cela est-il explicable ? —

Une chose aussi remarquable, et encore plus incompréhensible, fut le spectacle que nous offrit le clergé anglais, lors de la mort de Ch. Darwin (19 avril 1882), et de son enterrement.

Sans doute, nombre de révérends anglais, soit étant étudiants, soit même, plus tard, ayant « charge d'âmes », s'occupaient dès longtemps, dans leur particulier, de sciences naturelles — circonstance beaucoup plus rare sur le continent Européen que dans les Iles Britanniques ; — sans doute, maints ecclésiastiques anglais entretenaient même d'amicales relations avec Darwin, et échangeaient avec lui une affectueuse correspondance ; mais, certainement, la grande majorité des pasteurs d'âmes de la blonde Albion se tinrent plutôt sur un pied d'hostilité avec Darwin, tant qu'il vécut.

Or, qu'arriva-t-il lorsque le grand, *l'incrédule* naturaliste anglais eut terminé sa carrière, si laborieusement remplie ? — Qu'arriva-t-il lorsque mourut ce Darwin qui, le 5 juin 1879, écrivait franchement à un étudiant d'Iéna : « Pour ce qui me concerne personnellement, je ne crois pas qu'il y ait jamais eu une révélation quelconque ! » —

Il arriva... que l'église anglicane s'empara du cadavre de celui qu'elle haïssait, de son vivant, comme adversaire du miracle et de la théologie ! — Cette même église organisa à Darwin « l'agnostique » de pompeuses funérailles, et un cortège solennel, honneurs auxquels seuls pouvaient prétendre, dans cette Angleterre à la foi rigide, les plus hauts dignitaires du clergé ou ceux qui avaient été de très influents protecteurs ou défenseurs de la dite église. Darwin qui s'était lui-même fait construire d'avance, en tout autre lieu, un tombeau particulier, vint, contre sa volonté, reposer à côté d'Isaac Newton, dans l'antique abbaye de Westminster, le tabernacle des gloires de l'Angleterre. Et, à Londres, quatre prêtres de la foi prêchèrent, à la même heure, dans quatre temples, sur la grande perte qu'avaient éprouvée, par le décès de Darwin, non seulement la nation anglaise, mais l'humanité toute entière !

Quelle moralité tirer de tout cela ? — Le grand Darwin s'était, bien involontairement, préparé des *louanges* de la bouche du prêtre.

Le monde entier regardait, étonné, l'Église glorifiant un savant sceptique, un apôtre de la vérité scientifique. Qui ne se demanderait, en face d'un semblable spectacle : « Saül est-il aussi entre les prophètes ? » (I Samuel, ch, X, v. 11.) — Et ce n'est pas tout : non contente d'ensevelir Darwin avec les honneurs dûs à un prince de l'Église, cette même société, foncièrement cléricale, se mit au premier rang lorsqu'il s'agît de faire un appel à tous les pays pour ériger un monument au célèbre naturaliste, lorsqu'il fut question d'amasser des dons destinés à une statue en pied, ainsi qu'à la formation d'un fonds destiné à faciliter la continuation de leurs études dans le sens darwinien, aux jeunes naturalistes sans ressources. Cet appel fut signé par : les archevêques de Canterbury et de York, l'évêque d'Exeter, les doyens des églises de Westminster, de Saint-Paul, et de Christ, les pieux ducs d'Argyll, de Devonshire et de Northumberland, le marquis de Salisbury ; on y voit figurer les noms de comtes, de pairs et de membres du parlement, des dignitaires des universités anglaises et d'une foule de savants anglais. Cet appel a même acquis un caractère cosmopolite par le fait qu'il fut également signé par les consuls des plus puissants états de l'Europe et de l'Amérique. — Par sa mort, Darwin avait entraîné au darwinisme clergé et noblesse, en un mot, toute la « haute société » !

Il n'est pas sans intérêt de rappeler ces faits aujourd'hui, lorsque nous entendons les zélateurs cléricaux et les cagots protestants de toutes nuances pousser des hurlements de rage à l'idée que la vérité scientifique puisse être un jour enseignée au peuple, au « vulgaire » !

Que devons-nous conclure de tout ceci ?

Il me paraît que les circonstances qui ont accompagné la mort et l'enterrement de Darwin sont indubitablement une manifestation du progrès de la majorité. Les sciences naturelles sont devenues une puissance dans le monde ; puissance dont les prédicateurs de Saint-Paul rendent témoignage, et dont les voûtes de pierre de l'abbaye de Westminster doivent encore retentir.

> Avec le temps, l'humanité ne peut résister au pouvoir de la vérité ! C'est là une consolation — une grande consolation ! Confiance, — promesse pleine d'avenir !

De quelle valeur sont, devant de pareils présages, tous les anathèmes que peut vomir le Vatican sur la nouvelle conception de la nature ; qu'importent à une des puissances de l'univers l'étroitesse ignorante et le fanatisme rageur des bigots protestants et de tous ceux rangés sous l'étiquette d' « Evangélistes » ? — L'évolution poursuit néanmoins sa route d'un pas inébranlable. Constatons-le avec bonheur.

Entre-temps, de vaillants ecclésiastiques ont surgi depuis, soit aussi de l'autre côté — en Amérique, — soit de nouveau en Allemagne, qui se sont donnés la peine d'étudier la théorie de la descendance, afin de chercher sincèrement un stratagème qui permette de transporter les fidèles partisans de la pensée et de la vie religieuse, tous ceux qui peinent dans le labyrinthe théologique de la simple négation, qui permette, dis-je, de les transporter sur les hauteurs éclairées par les rayons éclatants du soleil de la science. Citons en passant les noms de deux des principaux de ces amis de la lumière : c'est d'abord le prédicateur américain *J.-M. Savage* qui publia, il y a quelques années, un ouvrage remarquable — disons le mot — un superbe livre : — *La religion à la lumière de la théorie Darwinienne;* puis un théologien allemand, le docteur *R. Schramm*, prédicateur du chapitre, à Brême, qui traduisit le livre de Savage et le publia en allemand. (Leipzig, Otto Wigand, 1886.)

Dans ce livre respire un esprit que l'on ne saurait désigner mieux que par l'expression : *Amour Nazaréen de la vérité.*

> L'auteur y reconnaît, sans détours, que la théorie de la descendance « est, pour ainsi dire, déjà considérée, par les naturalistes, comme un fait accompli. et cela non seulement comme une théorie auxiliaire expliquant l'apparition des genres isolés, mais surtout comme un principe capital, cause de toute croissance et de toute vie sur la terre ». Cette phrase est textuelle,

et plus loin :

> *La divulgation de cette idée dans le peuple n'est évidemment qu'une question de temps, quels que soient les cris d'horreur que peuvent pousser pour l'entraver les souverains pontifes de l'ignorance, du préjugé et de la superstition.*

Et c'est un théologien allemand, un brave et vaillant prédicateur, le Docteur *R. Schramm*, qui parle ainsi ! Je m'incline avec vénération devant une telle conception des choses, — conception extraordinairement rare chez les théologiens actuels.

Je désire introduire ici quelques passages pris dans la préface de l'ouvrage transcendant du prédicateur américain, afin de montrer dans quel esprit ce théologien comprenait son mandat; je ne partage en aucune façon sa manière de voir concernant la première origine de toutes choses et de toute évolution, mais je dois la respecter :

> Savage dit : « Je crois que l'objet de la science aussi bien que de la
> « religion, doit être d'abord et toujours, de rechercher la vérité ; car

« elle seule conduit à Dieu. — Je crois, de plus, que c'est perdre son
« temps que de vouloir mettre à l'unisson deux vérités immuables.
« Tout ce qui est vérité est *un* et n'a que faire de conciliation.

Celui là seul qui cherche la vérité, cherche Dieu.

« L'idée qu'il existe un point d'arrêt, une limite aux recherches,
« a, de tous temps, été une malédiction pour la religion aussi bien
« que pour la science. Nous sommes ici-bas des esprits finis au milieu
« de l'infini, et, pour un être fini qui marche vers l'infini, il n'y a
« aucune place où jeter l'ancre, mais seulement un privilège et une
« occasion de recherches infinies. — La foule des savants natura-
« listes a acquis la conviction que, derrière leurs travaux variés, si
« étendus, et sans rapports entre eux, *la vérité scientifique* est *une*,
« que l'univers est *une unité*, et que les diverses vérités ne sont que
« des différentes parties d'un modèle divin, qui traverse toute la
« représentation visible de la divinité. »

Cette foi scientifique est plus grandiose que n'importe
quelle croyance enseignée jusqu'ici par la religion.

J'ai lu avec grand intérêt, peu après sa publication, le
livre de Savage-Schramm, et j'ai reconnu en l'auteur un
théologien qui, *réellement*, CHERCHE *la vérité* au lieu de s'en
effaroucher ; qui aime la vérité au lieu de la haïr ; qui a
le courage de *la reconnaître sincèrement* lorsqu'il croit
l'avoir trouvée, — au lieu de se cramponner hypocritement
à l'erreur, et cela parce qu'il y a plus de croyants du côté
de l'erreur, qu'il n'y a de penseurs de celui de la vérité.
De semblables théologiens sont rares, surtout à notre époque
où la mauvaise foi est générale. Je serre la main du vaillant
Américain, quoique sur maintes questions, nous ne soyons
pas du même avis ! Son livre mérite d'être recommandé à
tous les penseurs, qu'ils soient Chrétiens, Juifs ou Païens,
ou même Libres Penseurs ! Nous tous, tous sans distinc-
tion, — pouvons y apprendre quelque chose. Ceci est
mon opinion, acquise pour avoir fait pour la seconde fois
et avec un intérêt toujours croissant, la lecture de cet
ouvrage.

Savage est convaincu que « toute la vérité scientifique

est *unique*, et que l'univers est *d'une seule* pièce ». Nous partageons sa manière de voir, et rappellerons ici que les dernières découvertes de la chimie et de la physique exposent, avec une certitude presque absolue, ce que quelques esprits éclairés ne faisaient qu'entrevoir jusqu'ici : « c'est qu'il y a, dans l'univers, *unité* de matière première et unité de force. »

Vous voyez, chers amis, que les extrêmes sont bien près de se toucher.

Le jour viendra, où l'on ne connaîtra plus toutes ces discussions causées par les dogmes religieux, toutes ces querelles, pour ou contre le déisme, entre la foi et l'incrédulité, toutes ces discordes et ces bassesses qu'occasionnent les principes religieux. Alors Dieu — c'est à dire la vérité — ne sera plus glorifié seulement près des eaux du Jourdain ou à Babylone, aux rives du Tibre ou aux bords du lac salé d'Utah ; il ne résidera plus exclusivement dans les sombres mosquées, cynagogues, temples et... salles de conférences, — mais la Vérité — qui *seule* est Dieu — en dehors de laquelle il n'y a pas de divinité possible, — sera adorée sur toutes les collines et les montagnes du globe terrestre, sur la crête et au pied de l'Himalaya, aussi bien que sur les Alpes fleuries et sur les Cordillières ; on lui rendra un culte aux bords tranquilles de l'Océan comme sur les rives glacées de la mer polaire, sous les palmiers de l'Ethiopie ainsi que contre les flancs abruptes des monts scandinaves.

C'est que l'on aura alors reconnu *l'unité de tout ce qui est vie,* dans la multitude presque inconcevable des formes sous lesquelles elle se manifeste. L'avenir appartient au monisme ; le monothéisme était le plus haut degré de l'évolution de l'échelle qui conduit au point de vue le plus élevé sur le chaos des événements.

Bien souvent, les ignorants adversaires de la conception scientifique nous ont reproché, avec amertume, que *nous n'avons pas de religion* et *que nous voulons même la chasser du monde.* — Rien n'est moins fondé que ce reproche.

Il est vrai de dire que, en ce qui concerne le mot « Religion », les fermiers généraux de la seule vraie foi ont commis de terribles équivoques. Dans leur étroitesse naïve, ils déclaraient, et continuent aujourd'hui encore à déclarer, qu'*eux seuls* ont de la « religion ». Ils font avec ce mot les mêmes tours de passe-passe qu'avec l'interprétation du mot « liberté ». Être à la fois borné — et arrogant; bête — et ambitieux; avoir, en même temps, la paix sur la langue — et le couteau ouvert à la main; prêcher l'amour — et avoir la haine dans le cœur; réclamer la tolérance — et pratiquer l'intolérance; se donner pour des enfants de Dieu — et exercer tous les rites de Bélial : tout cela signifie, pour le véritable croyant : « avoir de la religion! » Ils ont soin de prétendre être seuls instruits de la volonté divine, et la connaître à fond, tandis qu'ils n'ont généralement en vue que la glorification de leur « moi », de leur moi si petit, hélas! si étroitement mesquin! Ils comprennent la « liberté » exactement de la même façon. En effet, que signifient, pour ces mêmes dévots, les mots : être libre? — C'est : avoir le droit de persécuter, de tourmenter, de martyriser autrui; d'opprimer les uns et d'écraser les autres — qui sont cependant tous leurs frères et sœurs dans l'humanité. Oui certes, telle est la « religion », telle est la « liberté », dans le cœur des — Égoïstes!

Anch'io sono pittore! — Nous aussi, nous avons de la religion! — « Eh quoi! un naturaliste de l'école de Darwin prétend avoir aussi de la religion! Comment faut-il donc entendre ce terme? »

Le mot « religion » est originellement synonyme de « lien », et ce mot signifie *pour nous :* que nous sommes dépendants du monde extérieur, de nos semblables, de la nature, et de l'univers; que nous ne sommes pas absolument libres, mais attachés à l'ensemble par le *lien* des rapports naturels. Et, d'après notre conception, c'est la conscience du fait que nous dépendons de ce qui est en dehors de nous, et, comme résultante de ce fait, la direction de notre conduite envers les autres, qui *est :* la religion.

Il y a des conceptions religieuses très grossières ; je noterai : la croyance aux sorciers, au diable, aux esprits ; dans le sein de la confession chrétienne : la damnation éternelle de l'enfant mort sans baptême ; l'idée criminellement absurde que ceux qui ne pensent pas comme nous en matière de foi doivent fatalement tomber dans la gueule de l'enfer !

Nous nommons « barbare » la religion des païens parce qu'ils adorent des tronçons de bois, des monstres et des animaux. Le chrétien appelle « sensuelle » la religion de Mahomet, parce que ce dernier a placé, dans l'au-delà de ses disciples, la perspective d'un harem supérieurement conditionné ; Mahomet prétendait « insensée » la religion chrétienne, parce qu'elle loge, dans un Dieu unique, *trois* personnes diverses ; les Juifs disent que la religion chrétienne est « égarée », attendu que Jésus de Nazareth ne fut pas le moins du monde le véritable Messie, et, inversément, les chrétiens affirment que la religion juive est « fausse », puisqu'ils ont crucifié leur propre Messie. Chaque confession, ou secte chrétienne, prétend qu'elle seule, à l'exclusion de toute autre, est en possession de la véritable, de la pure religion. On sait que les catholiques intitulent leur Église « la seule qui puisse donner le salut ». — Et combien de torrents de sang n'ont-ils pas coulé pour ces religions ? Les actes les plus épouvantablement atroces ont été commis — au nom de la religion !

> Et cependant : tous ces gens qui ont parlé et agi de la sorte ; tous ces gens qui, volontiers, agiraient et parleraient *encore* ainsi, *ont de la religion.*

Faisons maintenant la contre-épreuve !

Ayant, de tous temps, franchement dit ce que j'avais à dire, et été un ennemi déclaré de l'hypocrisie et de la fausse dévotion, je n'hésite pas à exposer ici la confession religieuse d'un libre penseur, qui ne façonne son idéal qu'en tenant compte des sciences naturelles actuelles, et qui s'efforce de s'accommoder aux circonstances du monde extérieur pour passer, en paix avec les hommes, avec son prochain (lorsqu'il mérite le titre d' « homme ») et en harmonie avec la vie active de sa propre petite personnalité, — les jours dont il dispose sur la terre.

Un premier point :

Ce que nous *révérons* par *dessus tout*, c'est la *vérité*, telle qu'elle se manifeste dans la vie de la nature et des mondes. Tous ceux qui sont à sa poursuite suivent une même route, et tous seront pour nous frères ou sœurs, sans que nous examinions leur naissance, leur confession religieuse, ou leur conception du monde ; sans que nous prenions en considération leur nationalité ou leur race ; sans que nous scrutions leurs opinions politiques ni le degré d'élévation qu'ils occupent dans ce que l'on nomme l'éducation ! En effet, quiconque cherche « la vérité » cherche ce qu'il y a de plus élevé, et, en face de ce désir ardent de la connaître, nous autres chercheurs sommes tous égaux.

Secondement :

En tant qu'individus, nous sommes tous dépendants les uns des autres et de la nature qui nous environne. L'être humain est un produit des incessantes transformations de la nature, et de son éducation. En vertu de cet axiome, nous convenons que : tout homme est, naturellement, notre prochain, et ne nous devient hostile que du jour où il viole les lois de la nature.

Troisièmement :

— D'où nous venons ? — Lentement, chaque espèce de plantes et d'animaux s'est, au cours de millions d'années terrestres, toujours plus développée par la sélection naturelle, et est partie d'un degré peu apparent, et inférieur, pour arriver à un plus haut perfectionnement ; de même aussi la race humaine s'est, au cours de centaines de milliers d'années, lentement toujours plus développée, partant d'ancêtres animaux pour aboutir à l'avénement de « l'homme » ! — Il n'y eut jamais *un* « premier » homme, de même qu'il ne s'est jamais formé un *premier* Français, un *premier* Allemand, ou un *premier* Espagnol. Tout ce qui *existe*, est *devenu*, et n'est que le *résultat* d'autre chose, produit par une évolution naturelle et graduelle.

Quatrièmement :

L'*évolution* dans la direction d'un progrès continu est un phénomène commun à toute la nature vivante. Elle *fut* dans le passé; elle *est* aujourd'hui, et *sera* également dans l'avenir. Elle est l'expression d'une loi naturelle, et les faits qui semblent, au premier abord, en être des exceptions, n'en sont que la confirmation. Le progrès vers le mieux, vers le perfectionnement, se réalise par une nécessité naturelle. Qui ne peut, ou ne veut se conformer à cette loi, doit périr. L'expérience a prouvé que tout ce qui n'avance pas, recule, et court à sa ruine, qui n'est plus qu'une question de temps.

Cinquièmement :

Nous reconnaissons un *péché originel*, qui est à concevoir au point de vue de la connaissance de la nature, et nullement dans le sens mosaïque : — ce péché originel, c'est le penchant qui porte accidentellement l'individu à retourner à un degré inférieur du développement de ses ancêtres. Dans chaque homme existe une fraction plus ou moins forte d'animalité, qui nous a été transmise par nos devanciers. C'est ce « péché originel », qu'aucun naturaliste sérieux ne songera à discuter, qui devrait prendre, dans l'histoire du Paradis, la place du premier péché mystique; il pourrait alors devenir — comme proposition d'expérience naturelle — le point de départ d'une morale et d'une éthique qui devrait être inculquée en première ligne, et serait conforme à la nature.

Sixièmement :

Il existe une justice plus élevée que celle qui est appliquée.

par l'humanité actuelle : une Némésis *des outrages faits aux lois naturelles*. Quiconque tue autrui rebrousse, bien loin derrière nous, dans les couches inférieures de nos devanciers : au lieu d'avancer vers l'humanité, il retourne à la brute. Les sciences naturelles connaissent les cas de ce genre sous le nom de « retours », — atavismes. En dernier ressort, les règnes végétal et animal nous enseignent que le « retour », cet héritage du « péché originel », est puni de mort. La nature jette par dessus bord, au fur et à mesure de leur apparition, tous les individus, végétaux ou animaux, atteints d'atavisme. Plus miséricordieux qu'elle, nous avons commencé, nous autres humains, à supprimer la mort du pécheur, et à nous contenter de rendre inoffensif par l'emprisonnement ces malheureux, retournés à l'animalité.

> Quiconque fait d'un homme un esclave, transgresse la loi naturelle, car, comme l'a dit Schiller : « L'homme, créé libre, restera toujours libre, même s'il est né dans les fers. »

Septièmement :

Toutes les *vertus humaines* se sont *graduellement développées* au cours de la lente évolution de l'histoire de l'humanité. Elles sont donc des produits de la nature, et ne peuvent s'anéantir. Les vertus humaines sont nées d'instincts sociaux — et les vertus (dont la plus élevée est l'amour du prochain) s'établiront par l'éducation, et, dans la suite des temps, si fortement, qu'elles deviendront héréditaires.

Huitièmement :

Notre espérance repose sur l'évolution continue de tout le genre humain. De même que nous, humanité actuelle, sommes meilleurs que nos ancêtres animaux, de même aussi les générations de l'avenir, progressant toujours, sont nécessairement prédestinées à devenir meilleures que nous ne le sommes.

Neuvièmement :

Comme toutes nos connaissances sont des travaux, dé-
cousus il est vrai, mais dont chaque fragment renferme la
force pleine de promesses d'un germe appelé à se développer, ce fait, en nous enlevant, comme de juste, toute
velléité de regarder orgueilleusement notre semblable du
haut de notre grandeur, ne nous dégage nullement du
devoir d'aider, dans la mesure de nos forces, et avec l'aide
de tous, au progrès du savoir commun.

Et enfin :

Toute connaissance véritable doit rendre tolérant. La religion de chacun est sa propriété privée, et aucune autorité,
aucun État, bien moins encore le pape, homme faillible
comme les autres, n'a le droit de s'y ingérer, et de prétendre la réglementer. — Celui qui éprouve le besoin métaphysique de devenir bienheureux par sa foi dans l'au-delà,
doit avoir le droit de satisfaire ce besoin à sa façon, qu'il
adore, soit sur le Garizim, sur le mont Horeb ou sur le
Sinaï, soit à la Mecque ou à Rome, soit dans le désert ou
sur un îlot fertile, pourvu qu'il ne nuise pas au bien-être
d'autrui par ses actes et sa conduite. Celui qui, par contre,
ne *veut* pas entendre parler d'une vie dans l'au-delà, parce
qu'il n'en *peut* rien savoir, ne doit être empêché par personne de se créer un « ciel » *ici-bas* et *pendant sa vie*, et
de transformer la terre en un paradis où il place son bonheur et celui des autres. C'est ainsi seulement que nous
serons dignes du nom d'*hommes*. La félicité de chacun ne
pourra devenir parfaite que lorsqu'elle sera, non plus en
opposition, mais bien complètement en accord, avec le
bonheur d'autrui. De là découle une morale naturelle digne
de l'humanité, et une éthique planant au-dessus de tous
les dogmes de la foi, qui s'étendra jusqu'aux plus lointains
horizons du genre humain.

Le principe de l'évolution progressive qui, tel qu'un fil
d'Ariane, se déroule à travers la série des idées darwi-
niennes, cette *loi naturelle* d'un acheminement constant,

bien que lent, vers l'amélioration, c'est le joyeux message, l'évangile des connaissances naturelles.

Et, maintenant, vous pouvez juger par vous-mêmes si nous, Darwinistes, sommes sans religion, ou, au contraire, religieux. — En définitive, le titre ne signifie rien, car le principal est l'*essence*, la substance. La lettre tue — cela, nous le savons tous, — quelle que soit notre conviction : « Le nom n'est que bruit et fumée ! »

EXAMINONS CE QU'ENSEIGNENT NOS ÉCOLES PUBLIQUES !

Je constate d'emblée ce fait indiscutable : *L'école primaire*, seule, *n'a presque pas été influencée par les sciences naturelles;* elle est restée — si nous faisons abstraction du brillant et des paillettes — *dans l'état embryonnaire de l'âge des sciences naturelles.*

Dans tous les pays de langue allemande, de même que dans la plupart des nations qui nous entourent, *on enseigne encore à l'école primaire comme une sainte vérité les* erreurs *manifestes du récit mosaïque de la création.*

De 1840 à 1850, lorsque la majorité d'entre nous fréquentait encore quotidiennement l'école, les « Histoires bibliques » de Christophe Schmied étaient, dans la plupart des écoles primaires de la Suisse allemande, utilisées pour l'enseignement religieux. Là, on nous racontait encore l'histoire du serpent bavard du paradis, celle des prodiges de Moïse, de Daniel dans la fosse aux lions, de « Jonas dans le ventre de l'immense baleine », etc., etc. Miracles, miracles, et toujours miracles ! Notons que ces « Histoires bibliques » de C. Schmied étaient très bien rédigées. Les enfants affectionnent ce langage, et ces contes faisaient nos délices.

Il n'y avait alors pas grand chose à reprendre à cela, car la croyance aux miracles faisait partie intégrante de l'espril de tout le peuple. Darwin et sa théorie n'avaient pas encore vu le jour.

Mais qu'arriva-t-il *après* Darwin ? Il advint que, année après année, de nouvelles éditions des *Cent et quatre histoires bibliques pour l'école et la famille* continuèrent à paraître, publiées par la « Société des éditeurs » de Calw. En 1869, dix ans après la publication des œuvres de Darwin, leur ouvrage atteignait sa 211e ÉDITION ! Il resta consacré à l'enseignement religieux de l'église luthérienne de maints États allemands, ainsi qu'à celui des écoles réformées de quelques cantons suisses. (Il en parut même, dans le canton de Vaud, une édition, traduite pour l'usage des écoles). Ce « manuel des miracles » de Calw a même joui d'un succès si général dans l'Église et dans l'État, que, jusqu'en 1869, il avait été traduit en 64 langues — même en *chinois !* Dans ce livre figurent encore bien plus de miracles que dans celui de Christophe Schmied : les principaux prodiges y sont même reproduits par le dessin, pour mieux envelopper l'âme enfantine par tous les replis de la fantaisie. On y voit, par exemple, racontés et représentés par des estampes : le serpent, qui, du haut de l'arbre de la connaissance, pérore avec Ève, toute nue ; la sortie du paradis, avec l'ange de malédiction armé de son glaive flamboyant ; le déluge universel ; les trois anges, chez Abraham, et Sarah qui ricane derrière la porte ; la destruction de Sodome et de Gomorre, agrémentée d'une épaisse et charnue fille de la Bavière, qui, les bras étendus et munie d'une paire d'ailes, brandit une épée lumineuse contre la ville en feu ; le truc de Jacob et son potage aux lentilles ; les sept vaches maigres du songe de Pharaon ; les prodiges de Moïse devant Pharaon (la verge changée en serpent) ; la pluie de manne dans le désert ; le Sinaï embrasé, avec trois trompettes sortant des nues ; l'avalanche de cailles ; Moïse, lorsqu'il fait miraculeusement sortir de l'eau d'un rocher ; l'adoration du serpent ; Balaam, et son *âne* savant *qui se prend à babiller*, et ne peut avancer, parce qu'un ange lui barre

la route ; *l'instant où Josué fait arrêter le soleil et la lune ;*
le prophète Nathan devant David l'adultère; là, il est raconté
aux enfants, tout au long, que David commit adultère avec
la femme d'Urie, et que « Dieu le permit, afin qu'Urie fut
assassiné » ! On y voit également, enluminés : le prophète
Élie, et le corbeau blanc du ruisseau de Crite ; le prophète
Jonas, vomi par la baleine sur le rivage, après trois jours
de digestion (superbe tableau !), ainsi que le prophète Daniel parmi les lions. Les miracles du Nouveau Testament
sont également illustrés.

Ce manuel des prodiges est, encore maintenant, utilisé
pour l'enseignement religieux en Allemagne et en Suisse,
et son contenu continue à être étalé devant des centaines
de mille enfants (et adultes) comme une vérité éternelle et
à laquelle on ne doit point toucher.

Il n'y a pas plus de progrès dans ce sens dans les écoles
évangéliques protestantes du grand duché de Baden, où
l'histoire mosaïque de la création est encore prêchée aux
enfants, que l'on persiste également à promener à travers
tous les miracles de l'Ancien et du Nouveau Testament;
mais les gravures explicatives font défaut dans l'édition
(1869) de ce livre, que j'ai sous les yeux.

Dans les pays protestants, les *abécédaires* eux-mêmes,
cette pioche scolaire des pionniers de l'A. B. C. jusqu'à l'âge
de 5 ou 6 ans, — sont, presque sans exception, pénétrés
de la *foi aux miracles*, et c'est à la science qu'incombe,
dans les écoles supérieures, la tâche ingrate de chasser ces
sottes croyances des têtes studieuses, pour permettre à l'esprit sérieux de la recherche méthodique de se développer.
Dans l'*abécédaire* utilisé par *les écoles publiques évangéliques
de Wurtemberg* (Stuttgart, Hallberg, éditeur), on peut lire,
à la page 100, une petite leçon intitulée : « L'homme Dieu » ;
cette leçon débute ainsi : « Dieu façonna l'homme avec
une *motte de terre*, et insuffla son *haleine de vie par la
narine :* Donc, l'homme a un corps et une âme. » Cet exposé anthropomorphite conclut : « Mais, lorsque l'âme

s'est séparée du corps, l'homme est mort. Et la dépouille morte se nomme cadavre, et est ensevelie, tandis que l'âme retourne à Dieu ». On se demande d'où pouvait bien provenir cette *motte de terre, premier ancêtre* de l'homme !

Nos écoles font un véritable TRAVAIL DE SISYPHE.

Si nous considérons comment les choses se passent dans les cantons Suisses les plus progressistes, nous trouvons que, dans les écoles primaires du canton de Zurich, par exemple, l'*enseignement religieux* est *facultatif*. Mais nous trouvons dans ce canton, parallèlement aux Écoles de l'État, une quantité d'écoles appelées *libres;* elles sont autorisées officiellement, et entretenues par de pieux particuliers dans le but tout spécial de continuer à prendre pour pierre angulaire de l'instruction de la jeunesse le récit mosaïque de la création, dans le sens le plus orthodoxe. Ces écoles « libres » font aux écoles publiques une concurrence, une assez forte concurrence, et, si les membres de la « Société évangélique » plongent un peu plus profondément dans les eaux de la crédulité du peuple, il est possible que, encore de notre vivant, nous en arrivions à voir bientôt la moitié des écoliers du canton instruite dans le sens et dans l'esprit de la croyance aux miracles la plus orthodoxe; en effet, ce même canton de Zurich a sanctionné le fait qu'un « séminaire évangélique de professeurs » soit entretenu par les subventions de pieux adeptes, et destiné spécialement à éduquer, à façonner des instituteurs orthodoxes; ce séminaire envoie chaque année un certain nombre de candidats au corps enseignant des écoles publiques. Il a donc été pourvu, par cet acte *intelligent*, à ce que toute la pâte de l'enseignement de ce canton fut bien uniformément imprégnée du levain de l'orthodoxie. Que, agissant de la sorte, nous ayons un grand progrès en perspective — vous voyez cela d'ici ! Les écoles piétistes du dimanche sortent de terre comme les champignons après la pluie; la chapelle Sainte-Anne se remplit de plus en plus, et le peuple accourt en foule aux sermons prêchés à la

« Tonhalle » sur la prochaine fin du monde et l'avènement du Seigneur !

Que, en face de ces faits, dans ces écoles primaires publiques, dont le corps enseignant se recrute dans le fameux séminaire de Küssnacht, l'enseignement religieux soit *facultatif*, cela revient à dire que les commissions scolaires communales peuvent, à leur choix, ou imposer au maître les leçons de religion, ou le laisser libre de les donner. Le plus souvent, en effet, cet enseignement religieux facultatif est donné, tantôt par des régents qui, réellement croyants et orthodoxes, travaillent alors strictement dans le sens et dans l'esprit de la « Société évangélique », tantôt par des instituteurs instruits, qui s'efforcent de tourner autour du pot des erreurs imposées, sans s'y laisser choir. Les autorités du canton de Zurich, en matière d'éducation, n'ont pas déclaré obligatoire tel ou tel manuel, mais elles se sont simplement bornées à en *recommander* deux. L'un, destiné aux enfants de 9 à 11 ans des 4e, 5e et 6e classes, et un petit traité, en trois parties, qui commence par les récits de l'Ancien Testament, *avec la miraculeuse création du monde*, et aussi, cela va sans dire, avec le premier péché et le drame du déluge, pour finir, trois ans plus tard, par les pérégrinations de l'apôtre Paul. Ce traité, composé par un ecclésiastique (Meyer), est passablement employé dans le canton de Zurich. Mais, à part cet ouvrage de Meyer, on utilise aussi dans les écoles primaires du canton, d'autres manuels de religion parmi lesquels ceux des écoles libres sont naturellement les plus orthodoxes.

Un autre canton Suisse, Thurgovie, canton très avancé et renommé au loin pour ses certificats de candidats, en est arrivé à déclarer *obligatoires*, non seulement les manuels religieux qui n'étaient que *recommandés* par les commissions scolaires zurichoises, *mais* les leçons de religion *elles-mêmes*. Sur la côte suisse du lac de Constance, et dans toutes les écoles, l'enseignement religieux commence également par Moïse.

Comme en Suisse, on constate en Allemagne, dans une contrée comme dans l'autre (et cependant le Wurtemberg est reconnu avoir les meilleures écoles primaires allemandes) ; on constate donc dans les pays et provinces qui possèdent les écoles les mieux organisées ; on constate, dans les parties de l'Europe les plus civilisées — partout et toujours — le même fait :

Moïse, Moïse, et encore Moïse comme base de tout enseignement religieux !

En vérité ! nos écoles ont encore un pied embourbé dans le moyen âge. — Mais, en définitive, il n'y a là qu'une suite naturelle de l'histoire évolutive de l'organisme scolaire : rappelons-nous que l'École est un enfant de l'Église. Cet enfant naquit des besoins de l'Église réformée ; après l'invention de l'imprimerie, les vérités soi-disant de salut de la divine parole, durent être lancées par la Parole *écrite* jusqu'aux confins de la civilisation. Mais, pour qu'elle pût être communiquée à tous les esprits, il fallut commencer par enseigner à lire et à écrire.

Les principaux moyens d'instruction étaient, encore dans le siècle précédent : Le psaume de David, et le catéchisme chrétien.

Il est vrai que des besoins plus pratiques se sont imposés depuis. De 1840 à 1850, on commença à introduire dans les écoles publiques Suisses les calculs d'intérêt et quelque peu de géographie. En 1850, je n'entendis jamais, en fait d'histoire naturelle, dans toutes les classes régulières et de répétition, que ces quelques principes : « On divise les « plantes en : arbres, buissons, herbes, et graminées « (Aristote !!) ; on connaît encore : les mousses, les algues, « les champignons et les plantes grimpantes » (légère concession que dut faire l'Église aux connaissances acquises malgré elle).

Toute nouvelle science, toute découverte, étaient, aussi longtemps que possible, tenues à distance des écoles ; lorsque, néanmoins, des efforts se produisaient pour

élargir le cercle de l'enseignement, chaque pas en avant
devait être péniblement arraché à la répulsion systématique
de l'Église. Cela continua ainsi de 1850 à 1870; en réalité,
il en est encore de même actuellement, quoique la résistance soit assez diverse selon les cantons ou provinces.
L'école chercha de plus en plus à s'émanciper de la tutelle
de l'Église. Tandis que cette dernière *demeure stagnante*,
l'école, *organisme vivant, veut marcher en avant*, et c'est de
ce fait qu'il résulte qu'une action avantageuse de la combinaison de ces deux éléments est à peine imaginable.

Mais la séparation de l'école et de l'Église est encore
terriblement éloignée d'être un fait accompli. Peut-être en
France, et, dernièrement, en Italie; mais en Allemagne,
en Autriche et en Suisse, la seule pensée d'une séparation
radicale entre l'Église et l'école impressionne à un tel point,
que toute l'organisation scolaire commence à devenir
phtisique par l'effet de cette tension critique. Tout observateur attentif n'aura pas de peine à se convaincre qu'il
en est bien réellement ainsi. On peut constater ce fait
général que, actuellement encore, la branche de la religion
occupe dans l'école primaire un espace beaucoup trop
grand. Mais ce qui est un vrai *péché contre les lois de l'évolution*, c'est de donner, dès les premières années d'école,
un enseignement *religieux* à des enfants qui n'ont pas
encore acquis la faculté de réfléchir à des choses abstraites;
ce qui est un péché, c'est de vouloir forcer l'esprit débile
de la jeunesse à digérer des idées et des leçons qui néces-
sitent, pour tâcher de les concevoir, l'emploi de toutes les
facultés de l'adulte, qui n'arrive lui-même jamais à atteindre
le but désiré. Nos ÉCOLES PUBLIQUES PÈCHENT CONTRE L'ÉVOLU-
TION NATURELLE DE L'ESPRIT LORSQU'ELLES PRÉTENDENT IMPOSER DE
LA MÉTAPHYSIQUE A L'ENFANT.

Ceux qui sont encore plus coupables, ce sont les parents
fanatiques, qui, allant plus loin encore, envoient des petits
êtres de 4 ou 5 ans dans les écoles piétistes du dimanche.
Quel bon résultat cela peut-il avoir, lorsque ces mignons,

faits pour l'air pur et la lumière du soleil, reviendront du catéchisme, les joues pâlies, et raconteront à table, par exemple, qu'ils ont, entre autres, appris, « à la leçon », qu'un certain Jean a été dans le désert, et en est revenu avec des poils de chameau[1]. Et que devons-nous penser de ce fait que des enfants, à l'âge de 4 à 10 ans, entendent déjà, au catéchisme, prêcher la résurrection? — C'est ainsi qu'une fillette, de retour à la maison, demanda à son père ce que cela signifiait : « La maîtresse m'a dit que j'aurai un jour un petit cœur tout neuf[1]. »

Loin de moi l'idée de mettre en question le fait d'une transformation intellectuelle d'un homme, telle qu'elle se manifeste occasionnellement chez l'un ou chez l'autre, et de nier ce que l'on nomme une sorte de *résurrection*. Mais c'est commettre un attentat contre l'âme de l'enfance que d'exposer à de petits garçons ou fillettes la doctrine d'une résurrection nécessaire et obligée. Où tout cela conduit-il? — On commence à en apercevoir partout le beau résultat : — Armée du Salut!

Si nous résumons maintenant en deux propositions l'ensemble de notre excursion dans le domaine de la pédagogie, il en ressort une chose qui ne sera combattue par aucun savant, et que nul d'entre nos honorables ne saurait contester, parce que ce sont là des faits inattaquables, que je veux consigner ici en caractères gras, visibles pour vieux et jeunes :

1. **Dans les « Universités », la « vérité » scientifique de la théorie de la descendance, et les lois immuables de la nature, sont enseignées comme supérieures à toute chose.**

2. **Par contre, dans les « écoles primaires », fondées par le même État, et par lui entretenues, aussi bien que les Universités; — dans les « écoles primaires »,**

1. Cela s'est également passé à Zurich.

sont proclamés comme vérités : le récit mosaïque, ce myte âgé de 3,500 ans;

L'« erreur » notoire, le « contraire » absolu de ce qui est démontré « vrai » par les sciences naturelles et par la nature vivante.

C'est un état de choses *monstrueux*, IMMORAL, *intolérable*.

Il n'y a pas deux vérités, l'une vraie pour les écoles supérieures, l'autre vraie pour les écoles inférieures.

Il n'y a qu'une seule vérité, et cette vérité unique est vraie pour TOUS.

La nature — l'univers, n'a pas des lois spéciales à l'usage des sages de ce monde, à l'usage des ouvriers qui se sont distingués dans les ateliers de la science, à l'usage des professeurs et des étudiants des Universités ;

La nature — l'univers, n'a pas des lois spéciales à l'usage de l'enfant du peuple, à l'usage du sens droit du citoyen travailleur et besoigneux.

Il n'y a pas une vérité faite pour les privilégiés de ce monde, et une *autre* vérité consacrée aux pauvres et aux dédaignés d'ici-bas.

Notre terre fait chaque jour un tour complet sur son axe, et accomplit, chaque année, son évolution autour du soleil; et nous tous, tous tant que nous sommes — riches et pauvres, grands et petits, savants et laïques, — nous sommes tous emportés *avec* elle, et Copernic ne nous a, certes, pas légué ces vérités pour qu'elles soient enseignées dans les Universités seulement, tandis que le contraire doit passer pour une révélation dans les écoles primaires. Le conte de l'arrêt du soleil à Gibéon, et de l'arrêt de la lune dans le val d'Ajalon, est, de par l'astronomie, rejeté par *tout* le monde pensant, comme erreur et fiction poétique.

Si la Chrétienté s'est vue forcée de reconnaître la vérité du système de Copernic, — elle a *dû* la reconnaître *bonne pour* TOUS *les degrés de l'école*.

Donc cette même Chrétienté n'a pas le droit de souffrir

aujourd'hui que les deux étages de l'école soient traités inégalement : l'un par la vérité, l'autre par l'erreur manifeste.

Cela est *contraire* aux principes du sage de Nazareth.

Cela est *contraire* à la justice! Quoi? *Pour l'école primaire, des pierres au lieu de pain?*

La conception de cette discorde — *en haut*, la vérité; *en bas*, l'erreur — sera la boussole qui conduira à la prospérité de l'école et à son développement subséquent et nécessaire.

Je suis convaincu qu'aucun *véritable* pédagogue n'osera discuter ce fait.

J'ai nommé l'état actuel IMMORAL et INTENABLE. Ce faisant, je n'ignore pas la portée de cette grave accusation et je sais fort bien quel cri d'horreur va retentir au loin à l'ouïe d'une telle accusation, et, cela, non seulement dans le camp des prêtres, mais aussi dans de nombreux cercles d'instituteurs. On m'accordera, en conséquence, de motiver ces accusations; je serai bref :

Non seulement la théorie de la descendance est librement enseignée par des professeurs académiques dans toutes les Universités de l'Europe, mais elle est présentée au peuple comme vérité par toutes les revues littéraires et instructives de quelque valeur et par presque tous les grands journaux quotidiens, ainsi que dans un ouvrage très répandu : « *Manuel de l'homme bien portant ou malade.* »

Tout homme cultivé qui a l'habitude de prendre, à l'occasion, bonne note des travaux et des découvertes des naturalistes, tout homme intelligent de notre époque qui s'est reconnu le droit à la pensée indépendante, en opposition avec l'état du croyant pétrifié dans sa foi, est devenu forcément, de par la presse, et de par les ouvrages de vulgarisation scientifique, un disciple de la théorie de l'évolution. Et, malgré cela, ce même homme tolère que ses enfants apprennent à l'école des choses diamétralement opposées a ce qu'il a reconnu comme une vérité acquise; en un mot, qu'ils doivent apprendre des faussetés.

> Et quoi! — Les ADULTES rassasient leur esprit du pain de la vérité, et trouvent juste que l'on ingurgite à leurs enfants de la glaise, des « mottes de terre » — au lieu de pain.

> Cela constitue une tromperie manifeste, un péché contre la nature du genre humain!

Il est *immoral* de donner, en pleine connaissance de cause, l'erreur pour la vérité.

Ces paroles ne sont pas adressées seulement aux parents, mais je les jette aussi à la face de ces instituteurs qui se laissent entraîner à présenter à leurs élèves, au mépris de leur intime conviction, des erreurs pour de saintes vérités; je les jette sans restrictions et sans peur à la face des commissions scolaires : c'est un péché contre les devoirs sacrés de l'école, lorsque professeurs et écoliers sont forcés de perdre un temps précieux à enseigner et à apprendre des erreurs notoires.

> Et, « toute faute porte sa peine sur la terre ».

Les fatales conséquences ne peuvent manquer de se produire. Et, ces conséquences funestes, nous les avons sous les yeux : elles sont déjà là, — évidentes.

L'enfant a quitté l'école, et le voilà devenu un homme qui débute dans la vie; il s'engage dans cette purifiante lutte pour l'existence, au cours de laquelle, en vertu d'une loi naturelle qui a toujours existé, la vérité finit par l'emporter sur le mensonge, parce qu'elle est plus puissante que l'erreur et vit éternellement, tandis que le mensonge est anémique, et ne peut toujours durer. — Qu'arrivera-t-il à ce citoyen du monde lorsque, ayant terminé son instruction et commençant sa carrière d'adulte, il est forcé de s'apercevoir bien vite qu'à l'école, on lui fourra intentionnellement (oui — *intentionnellement!*), dans la tête un tissu d'erreurs.

Alors s'engagent des combats plus ou moins violents de l'intellect. Ceux-ci seront d'autant plus néfastes que les erreurs se seront enracinées plus profondément dans l'âme de l'enfant, et qu'elles se seront plus fortement incrustées dans la chair et dans le sang de l'être humain. J'en parle par expérience, et je conjure tous les hommes honnêtes de n'importe quelle position sociale, de ne pas passer à la légère à l'ordre du jour sur de semblables cas et éventualités, lorsqu'ils se présenteront :

C'est le scepticisme qui prend alors la haute-main. Il est vrai que, par lui-même, le doute est un bien, car il est la source d'où découle la vérité. Mais cela ne signifie nullement que ce soit un bien d'enseigner *sciemment* des *erreurs* dans les écoles, avec l'idée que le doute viendra ensuite pour éclairer sur le bon, le juste et le vrai. Non ! Car, du fait de reconnaître que, dans *une* des branches de son programme, l'école offre des pierres au lieu de pain ; de cette découverte fatale et néfaste surgit une méfiance malsaine envers la valeur générale et les bienfaits de l'école, et cette méfiance se glisse jusqu'au pied de l'autel et jusqu'au fauteuil du juge et du législateur.

Une fois ce point reconnu, le plus urgent, le plus naturel des remèdes, c'est de jeter par dessus bord tous les principes de foi hors de service ; toute la morale et l'éthique qui sont liées avec ces principes hors d'usage, périront du même coup ; car l'expérience a posé cet axiome : qu'avec un bain trop chaud on jette en même temps l'enfant dehors : la croyance à toute vérité en général finit par être ébranlée, et — *toute confiance en l'Etat, l'Eglise, et l'Ecole est éteinte*. C'est ainsi que l'on cultive des anarchistes.

« Qui donc nous sauvera de ce danger mortel ? »

Alors, non-seulement les prédicateurs de l'Eglise se lamentent en voyant la maison de Dieu toujours plus délaissée : mais tous les vrais philanthropes poussent, eux aussi, les hauts cris au sujet : de la dissipation de tout le genre humain, du manque d'amour de la vérité, de l'amoindrissement de la force des convictions, du manque d'énergie, de droiture de caractère, de vertu et de moralité.

Dans cette pitoyable époque de transition entre le sombre état de croyance du moyen-âge — et la conception scientifique, nous en sommes arrivés à ce point. Nous nous trouvons placés au milieu de la lutte entre la foi et la science, entre les erreurs traditionnelles — et la vérité péniblement conquise, — et les événements actuels nous offrent, dans leur ensemble, le tableau d'un chaotique embrouillamini, à l'aspect duquel l'âme du poltron est pleine de craintes, pendant que l'esprit du partisan de la vérité ressent, unie à de joyeux pressentiments, une profonde tristesse.

C'est le chaos — une nouvelle lutte entre la renaissance et l'antiquité. Nous sommes au sein d'un effroyable ouragan, où le moindre souffle de vent devient un tourbillon. De tous les points de l'horizon, les nuages se sont accumulés sur nos têtes; les éclairs et la grêle fondent ici-bas, transformant en déserts les vastes prairies. Mais, après tout violent orage, l'air est purifié : — ne désespérons pas !

Un de ces nuages, lourd, noir et plombé, c'est la *divergence dans la conception du monde*, qui, menaçante, s'est introduite dans le véhicule de notre vie intellectuelle, dans le territoire de la vie scolaire : *En haut, la vérité — en bas, l'erreur !*

C'est ce fait qui occasionne les plaintes actuelles sur l'école publique, les appréciations désordonnées sur les tendances défectueuses des écoles officielles.

Les écoles publiques de l'État de presque tous les pays civilisés de l'Europe sont demeurées presque étrangères aux progrès inattendus des sciences naturelles, et sont descendues, pour la plupart, au rang d'institutions entretenues de façon à entraver l'affranchissement de l'esprit, et à le retenir dans les liens de la stagnation. Quiconque cherche à pénétrer la cause de cette immobilité, voit bientôt et sans peine où gît le mal : le mal est, tout entier, dans *l'éducation défectueuse* et *incomplète des instituteurs des écoles populaires.*

Quantité d'Etats civilisés ont fondé, pour entretenir a santé *physique* de leur population, ou pour la guérir en cas de maladie, des *écoles scientifiques* dans lesquelles les futurs médecins et infirmiers doivent assidûment étudier les lois naturelles qui régissent la santé ou les maladies de l'homme. Dans ce but furent installés de coûteux laboratoires, munis de tous les instruments et appareils imaginables; les savants les plus éminents y sont appelés, qui dévoilent aux étudiants les secrets de l'organisme sain ou malade : et ces établissements sont devenus en même temps que l'orgueil des nations, une bénédiction pour les hommes.

Mais, en ce qui concerne la santé *intellectuelle* du peuple, pour ce qui est des soins à apporter à un développement psychique conforme à la nature des jeunes générations : oh! de cela, l'Etat s'en est, jusqu'ici, bien incomplètement préoccupé. Les maîtres de nos enfants, ceux qui sont appelés à sertir le trésor le plus précieux de toute nation; le corps enseignant des écoles primaires, est, presque partout, tenu éloigné des sources de la science. Les écoles normales d'instituteurs — dont notre séminaire de Küssnacht est, à coup sûr, un des plus renommés — sont, à peu d'exceptions près, des pépinières où sont spécialement cultivés le demi-savoir et l'hébêtement de l'esprit.

C'est *une véritable désolation* — je le dis avec tout le sentiment de ma responsabilité — c'est *une véritable désolation, de voir de quelle façon il est pourvu à l'éducation de la grande majorité du corps enseignant de nos écoles, en tout ce qui concerne l'étude des sciences naturelles.*

Je constate qu'il existe une différence incommensurable entre les diverses écoles normales de la Suisse, et qu'il y a quelques cantons où les régents et régentes suffisent sans doute parfaitement aux exigences de l'école primaire;

mais je dois ajouter ici que, très souvent, de jeunes instituteurs de cantons voisins, après qu'ils ont fréquenté un des séminaires, si vantés, des environs, et après qu'ils les ont quittés, une fois leurs examens terminés, s'aperçoivent, la première fois qu'ils prennent place sur les bancs de l'Université, qu'ils ne possèdent pas *la moindre teinture* de sciences naturelles.

Nous avons les mains pleines de documents capables de faire dresser les cheveux sur la tête (et nous les produirons, si cela devient nécessaire), qui démontrent péremptoirement : que ces écoles normales d'instituteurs ne s'occupent *en rien* de l'étude des sciences naturelles; que, dans une époque qui est, comme la nôtre, l'âge de l'étude de la nature, elles sont encore à l'état de pépinières de l'étouffement de la science, et qu'elles méritent, à juste titre, la dénomination d'établissements d'hébétude intellectuelle plutôt que celle de centres d'instruction pour instituteurs de l'école publique. Je me contenterai d'exposer ici un seul exemple à l'appui du fait que j'avance :

On publie, à Berne, depuis quelque 25 ans, une *Feuille pour l'école chrétienne*, organe de l'Union scolaire évangélique suisse, rédigé actuellement par le Pr. Howald, du séminaire de Berne. Cette publication pédagogique hebdomadaire est, cela va sans dire, destinée spécialement aux régents des écoles publiques. Comme appendice à la méthode d'enseignement usitée dans ces pays, figurent des leçons et des instructions pédagogiques destinées à indiquer au maître de quelle façon il doit traiter tel ou tel sujet. Ainsi, dans le n° 9 de l'année 1889, il y est question d'une promenade — mais, suivons mot à mot l'enseignement qui est dans les mains du précepteur; il s'agit d'une poésie :

a) Faire la lecture de la poésie.

b) La relire par fragments.

c) Donner un aperçu abrégé des divers fragments : 1. Une mère et ses enfants vont dans une prairie. 2. Un petit pigeon y cherche sa nourriture. 3. La mère fait remarquer aux enfants que le pigeon élève ses regards au ciel après chaque becquée. 4. Elle recommande aux enfants de ne pas oublier les actions de grâce après chaque repas.

Ensuite, on doit *approfondir !* — et quel « approfondissement ! »
Je copie ici textuellement cette très édifiante instruction :

« Que fait le pigeon ? — Il cherche à manger. Il trouve des graines.
« Chaque fois qu'il en a piqué une, il regarde en l'air. — Le pigeon
« remercie pour chaque petite graine. Le pigeon peut servir de
« modèle aux enfants. Que doivent apprendre de ce pigeon les enfants ?
« — Il nous est accordé de meilleurs morceaux qu'au pigeon ; nous
« savons *qui* nous les donne : Nous devons donc *aussi* remercier.
« Que nous enseigne encore ce petit oiseau ? — C'est qu'il est recon-
« naissant du plus petit bienfait. — Connaissons-nous encore d'autres
« animaux qui se montrent reconnaissants ? — La caille dit : « Grand
« merci ! » L'alouette chante : « Louons Dieu, toujours mieux et tou-
« jours louons Dieu ! » On raconte du poussin que :

> « Son regard monte au ciel chaque fois qu'il avale *(sic)*
> « Qui dit : « Merci, bon Dieu, des biens que rien n'égale ! »

« Qu'apprenons-nous de ces animaux ? — Nous apprenons à être
« reconnaissants ! »

Ensuite vient une « application pratique » que le lecteur est maintenant à même de se représenter.

En face d'instructions *semblables*, données aux instituteurs de nos écoliers, et présentées aux régents des
écoles publiques, nous, naturalistes, n'avons que peu de
chose à ajouter : Le point capital de ce charlatanisme —
je dis « charlatanisme », — le point capital de ces absurdités révoltantes est un mensonge notoire : il n'est pas *vrai*
que le pigeon regarde le ciel après chaque becquée (combinaison *inventée* par une pieuse exaltation religieuse, au
nom de la « religion », et, lorsqu'il advient que le pigeon
lève, de temps à autre, la tête de dessus son assiette de
graines, cet animal tourne en même temps les yeux, et
pense très probablement à tout autre chose qu'à des actions
de grâce ; de cela résulterait — selon la logique de la
« feuille pour les écoles chrétiennes » — que nous devons
apprendre du pigeon une nouvelle, et singulière façon de
témoigner notre gratitude…. en tournant les yeux !

J'ai la certitude que beaucoup de mes amis et parents,
très chrétiens, fermement convaincus, sincèrement pieux
et pieusement agissants, se verront forcés de reconnaître

que de semblables élucubrations pédagogiques sont.... tout
ce qu'on veut, sauf des enseignements salutaires. Ils
m'avoueront que des instructions pareilles à celle-là sont
faites pour anéantir complètement les derniers vestiges de
respect envers la sagesse des instituteurs des écoles
publiques éduqués dans les séminaires de la chrétienté
croyante. Malgré tout cet exposé, je conserve un principe
de respect :

> On prétend vouloir le bien; le bien seul;
> Quiconque veut le bien, peut être avec moi, même
> s'il fait fausse route, tant qu'il n'en sait pas davan-
> tage.

Mais je dis : un instituteur, instruit dans l'histoire
naturelle et qui été mis en contact avec la vraie science,
n'expérimentera jamais, sur l'esprit avide de culture de
l'enfant, des procédés aussi criminels que ceux employés
dans des milliers d'écoles, encore aujourd'hui, et *aux
frais de l'Etat!* — Quelle surabondance d'enseignements
substantiels et vrais l'école primaire offrirait-elle aux
jeunes générations, pour leur bien et leur édification, si
tous les maîtres connaissaient à fond les fleurs des champs,
les animaux des forêts et des marais! — O! quelle belle
vie cela ferait, lorsqu'un instituteur instruit parcourrait,
en mai ou juin, avec sa joyeuse troupe, les campagnes et
les bois; là où chaque fleur révèle son secret; là où chaque
buisson parle en son langage, où chaque phénomène que
l'on observe découvre une nouvelle et sainte loi, où chaque
rayon de lumière suit sa route infaillible! — L'heure de
l'école ne deviendrait-elle pas une heure bénie, attendue
et désirée ardemment, pendant laquelle l'exubérante joie
de l'enthousiasme étincellerait des yeux brillants des
garçons et fillettes, avides de connaître et de concevoir
réellement toutes les choses qui les entourent!

Qui les a déjà vues briller, les larmes de joie et de recon-
naissance qui accompagnent l'initiation aux mystères si

grands et si élevés de la nature et de la vie du monde ? —
Qui l'a déjà ressentie, la plus complète de toutes les satis-
factions, celle du professeur auquel ses élèves viennent
dire, lorsqu'ils le quittent, qu'il leur a aidé à devenir des
êtres pensants et connaissants, des êtres heureux ! parce
qu'il leur a facilité une conception saine et réelle du monde
accessible à nos sens ! — Ceux qui éprouvèrent ces joies,
ce furent les professeurs qui se sont abreuvés aux sources
pures de la science et qui se sont efforcés de pénétrer,
par des études méthodiques, dans l'essence de la connaissance de la nature.

Mais, intentionnellement, on tient l'instituteur des écoles
publiques à l'écart des ateliers de la science. Le médecin,
l'avocat, le prédicateur, l'ingénieur, le chimiste, l'entre-
preneur, le cultivateur et le forestier ; même le vétérinaire
et le dentiste, tout comme l'acteur et le machiniste dans
sa coulisse, tous ceux-là doivent étudier dans les écoles
les plus élevées du pays, et être initiés à une véritable
science ; seul, le régent des écoles primaires n'obtient,
pour tout aliment, que la soupe à l'eau d'une sagesse de
séminaire-monastique.

C'est là un système ! mais ce système est récusable. On
ne peut ainsi continuer à enseigner *en bas* — *l'erreur*,
pendant que la vérité se déploie *en haut*.

Oui, l'imperfection et le manque de principes ont été
poussés si loin, que nous entendons de nouveau retentir,
dans divers cantons de la Suisse, où l'on veut procéder à
la revision des lois scolaires, le cri de la réaction qui braille
dans toute la contrée : « A bas les classes réales, à bas la
« physique dans nos écoles primaires ! vive l'ancienne sim-
« plicité, avec le bon vieux programme : Apprendre à lire, à
« écrire, et à compter. » — Comment est-ce possible que,
— dans le siècle de l'histoire naturelle, — un appel semblable ait seulement pu se produire ? — La plupart des enfants du peuple ne reçoivent, en fait d'enseignement, que
celui des écoles primaires. Et tous ceux-là, tous ces futurs

citoyens actifs de l'Etat ne devraient absolument rien
apprendre des sciences naturelles; ils doivent rester ignorants des choses de *ce monde* et des lois de la nature, afin
de pouvoir plus docilement accepter la promesse d'un *autre
monde!* — À la bonne heure! reculons vers le moyen âge!
retournons, autant qu'il sera possible, au « bon vieux
temps » de la croyance aux sorciers, à l'âge où les naturalistes étaient brûlés vifs au poteau d'infamie, et où les
enfants étaient égorgés « parce qu'ils faisaient des petits
oiseaux » !

Mais, *halte-là!* pour qu'une pareille prétention ait de
nouveau pu s'élever, elle doit certainement avoir des
causes naturelles. Soyons francs, et disons qu'il est vrai
que, en beaucoup d'endroits, il serait préférable qu'aucun
enseignement des sciences naturelles ne fût prescrit aux
écoles publiques, parce que, là, les leçons auxquelles on
donne *cette dénomination* sont données d'une façon
pitoyable. Quiconque n'a pas eu, par lui-même, l'occasion
de pénétrer dans la conception scientifique de la nature;
quiconque, faute d'une instruction antérieure correspon-
dante, n'a pu devenir lui-même un chaud partisan des
sciences naturelles : celui-là sera forcément un barbouillon
dans l'enseignement de l'histoire naturelle. Dans ce cas,
la meilleure méthode sera improductive, et toutes les
collections d'objets d'histoire naturelle, que l'école mettra
à la disposition de l'instituteur, ne seront qu'un lest
inerte, et le dégoûteront de sa tâche plutôt qu'ils ne le
rendront capable de fournir un enseignement plein d'une
stimulante édification. Et, lorsque le maître ne porte pas
dans son cœur l'amour et l'enthousiasme pour la branche
d'enseignement qu'il dirige, toute l'école s'embourbera
dans cette branche, pataugera, donnera des fruits pourris
et gaspillera beaucoup de temps et de force. Cette branche
d'enseignement sera une véritable malédiction pour les
élèves.

Il en est bien ainsi, cela marche comme l'écrevisse; et

cela continuera à marcher à reculons, jusqu'au jour où les instituteurs des écoles primaires recevront enfin une instruction plus solide et conforme à notre temps ; jusqu'à ce que l'on se décide à ne plus enseigner l'erreur dans les écoles, mais seulement les choses vraies ; jusqu'à ce que l'on apprenne aux écoliers, mieux qu'on ne le fait actuellement, à exercer leur sens, c'est-à-dire les organes qui communiquent à l'esprit l'état des corps extérieurs, jusqu'à ce que le jeune citoyen terrien apprenne à bien observer pour penser juste, et à connaître les facultés de ses sens, pour développer à la fois son corps et son esprit.

Quelques voix s'élèvent, ici et là, pour réclamer une chose juste et raisonnable, savoir : L'école publique doit, dans la mesure du possible, faire bien connaître aux enfants les phénomènes de ce monde, afin qu'ils deviennent aptes à trouver leur félicité dans *ce* monde.

Je me hâte de terminer, en exposant quelques postulats que je désire adresser aux commissions de législation scolaire qui voudraient s'occuper d'introduire une réforme radicale dans l'enseignement populaire :

1. Tout enseignement religieux confessionnel doit être, au nom de la paix religieuse, écarté des écoles populaires de l'Etat.

Toute religion est la propriété particulière de chacun, et l'État n'a pas à s'y immiscer. C'est là une question de sentiment, et on doit laisser à l'initiative privée le soin de décider l'importance qu'elle veut lui attribuer. Par contre, l'*intellect*, qui est « la tête » du citoyen, est la propriété de l'État, et sa fortune la plus sérieuse. Aussi est-ce pour lui une tâche, un devoir, de soigner cet *intellect* et de favoriser son développement.

Dans les pays où, actuellement, on ne peut encore séparer l'enseignement religieux de l'école publique, on devrait, *au moins*, exiger, comme transition, *que l'histoire mosaïque de la création soit, en tant qu'erreur manifeste, complètement éliminée de l'enseignement, et que l'on professe, dans l'école populaire, la vérité, et rien que la vérité.*

2. — Tout régent de l'école publique doit avoir reçu une instruction complète en sciences naturelles, afin qu'il soit à même de communiquer, sur la nature, des enseignements solides, basés sur l'observation directe, et sur la démonstration, c'est-à-dire sur *l'expérience* (et pas seulement sur la théorie), afin, dis-je, qu'il devienne capable de rendre compte à l'occasion, aux adultes aussi bien qu'aux écoliers, des plus importants progrès de l'histoire naturelle, ce qu'il fera dans des conférences publiques, auxquelles tout citoyen payant impôts, et toute citoyenne, pourront assister gratuitement.

Ce postulat ne pourra se réaliser que : a) *Par la suppression des écoles normales, qui sont, en beaucoup de lieux, encore établies d'une façon monastique et dirigées dans un sens moyen-âge; b) par l'instruction scientifique des maîtres d'école dans les Universités.*

Je dois faire observer ici que ce postulat ne doit pas être considéré comme l'indice d'une méfiance envers *toutes* les écoles normales existant actuellement. Nous possédons depuis bien des années dans le canton de Zurich, à Kussnacht, un séminaire officiel excellemment dirigé, et qui a acquis une réputation universelle par le fait que le directeur de cet établissement est en même temps un pédagogue éminent et un naturaliste scientifique très instruit. Aussi est-il fait dans cet établissement, en ce qui concerne l'enseignement des sciences naturelles, tout ce qu'il est humainement possible de faire dans les conditions actuelles. On peut en dire autant de l'enseignement de cette branche pour le séminaire de maîtresses de la ville de Zurich; le directeur de ce dernier est également un naturaliste de renom[1]. Mais ces écoles sont de rares — trop rares — exceptions, et aucun des excellents professeurs qui fonctionnent dans ces célèbres établissements ne niera que le degré d'instruction de leurs candidats en pédagogie serait bien supérieur si ces derniers suivaient les cours de l'Université.

1. Le séminaire de maîtresses de la ville de Zurich est même devenu une sorte de gymnase pour femmes, et les jeunes filles capables y sont, sans difficulté, préparées pour l'examen de maturité des études médicales de l'Université, et peuvent dès lors, l'expérience l'a démontré, très bien concourir avec les internes masculins du gymnase.

Que : si des personnes anxieuses objectaient à ce deuxième postulat que l'opération du recrutement serait rendue trop coûteuse par les frais de l'enseignement universitaire, et qu'il pourrait advenir que les instituteurs formés par l'Académie ne voulussent pas s'abaisser jusqu'à aller exercer leurs fonctions dans l'école primaire d'un village, je répondrais :

    a) On a toujours trouvé de l'argent pour des choses moins nécessaires et pour des buts moins salutaires que ne l'est l'instruction des maîtres ; le peuple arrivera à comprendre que le fait de former des régents capables est aussi — *et même bien plus* — *important*, que celui de préparer pour leur vocation, dans les Universités, de bons médecins, vétérinaires, forestiers, avocats et pasteurs.

    b) Il est *certain* que des régents ayant reçu une instruction académique se trouveront très bien dans des écoles de village; cela est amplement démontré par les réjouissantes expériences que nous avons faites en ce sens dans le canton de Zurich. Les professeurs candidats à l'école secondaire ne doivent avoir suivi que deux années pleines les cours de l'Université, avant de subir l'examen de l'Etat. Les heureux mortels, qui trouvent de suite un emploi dans une école secondaire de la campagne, n'hésitent nullement à se rendre, dès leur sortie de l'Université, au milieu d'écoliers villageois ; on voit même beaucoup de professeurs de plus hauts degrés et instruits académiquement, ne pas dédaigner de fonctionner pendant des années dans des écoles élémentaires ou réales, avant d'être promus dans une école supérieure. Dans plusieurs de nos écoles secondaires suisses, ce sont régulièrement des docteurs ès-philosophie qui professent ! Et ils sont connus et très estimés pour leur influence bénie, et offrent un vivant démenti à l'allégation que l'éducation universitaire rendrait les maîtres trop fiers et inutilisables.

Il m'est impossible également de me représenter le motif qui pourrait faire éprouver à un instituteur ayant fréquenté l'Université, une sorte de répulsion à professer dans une école primaire. Les régents des classes élémentaires dans tous les degrés ne sont-ils pas, d'entre tous, les plus dignes d'envie? Ces bienheureux n'ont-ils pas là le matériel le plus précieux pour entretenir et développer leur esprit ? Ces âmes d'enfants, immaculées, pures encore, que rien n'a jusqu'alors faussées ni souillées, si, du moins, les parents ont été assez sages pour ne pas envoyer ces petits êtres de 3 ou 4 ans, dans des écoles piétistes ou au catéchisme ! — Les plus doux souvenirs de ma vie se reportent au temps — il y a 25 ans — où j'eus l'occasion de professer pendant trois semestres dans une école de village très fréquentée, et je dois dire ici que je n'ai, dès lors, jamais perdu de vue les intérêts de l'école publique, et que c'est justement à ce degré de la culture éducative que j'ai toujours pris la plus grande part.

3. L'État doit remplacer l'enseignement religieux confessionnel obligatoire par un enseignement d'éthique et de morale ayant pour base les sciences naturelles.

De la vérité éternelle de l'évolution progressiste ressortent, pour le savant, — et *tous* les instituteurs devraient être des savants de la nature, — les voies et moyens à suivre pour acquérir la plus grande félicité et la véritable vertu. Seuls, des fanatiques au cerveau malade ou des êtres profondément ignorants de tout ce qui touche à ce sujet, peuvent oser prétendre qu'un degré élevé d'instruction dans l'histoire de la nature doit conduire à la ruine de toute morale. C'est bien plutôt le contraire qui est vrai : toute soi-disant morale qui va à l'*encontre* des lois de la nature, — ce qui est le cas pour beaucoup de préceptes des diverses confessions, — n'est nullement ce qu'elle a la prétention d'être, mais est de l'immoralité. Que l'on demande à Darwin ou à n'importe quel pédagogue versé dans les sciences naturelles comment nous devons comprendre et enseigner l'éthique et la morale. Ce n'est que lorsque toute éthique reposera sur la base de la théorie de l'évolution, que la moralité de toute la société humaine commencera à faire de réels progrès. Mais, pour cela, il faudrait naturellement que les naturalistes et les philosophes modernes, qui cultivent les sciences naturelles, fussent consultés en première ligne lorsqu'il s'agira d'établir les principes fondamentaux de l'enseignement de la morale, au lieu d'être écartés.

4. L'enseignement complet de toutes les écoles primaires officielles doit être à l'unisson avec les lois naturelles reconnues et prouvées; dans toutes les divisions doit régner l'unité de la vérité.

Il ne faut pas que dans une leçon soit enseigné le miracle et dans une autre la loi naturelle, la nécessité de fer de la nature.

En toutes choses règne une loi, qui est l'ordre. La croyance aux miracles est l'enseignement du néant des lois, d'un arrêt des lois naturelles, d'un désordre que ne connut jamais la discipline scientifique. Dans le matériel d'instruction des écoles futures, il n'y aura absolument plus de place pour le miracle, et l'école officielle, dans sa sphère d'activité, ne pourra atteindre un sain développement que lorsqu'elle aura jeté par-dessus bord toutes croyances aux miracles et qu'elle les aura abandonnées aux caprices privés des amateurs; l'école ne sera adaptée à son but que si elle emploie, sans la diviser, toute sa force à la sublime tâche de faire des jeunes citoyens du monde des êtres qui voient juste, qui entendent sûrement, qui pensent logiquement et observent avec raisonnement; des hommes qui connaissent les lois de la nature et agissent en s'y conformant. Tout naturaliste est convaincu que, s'il en était ainsi, rien ne marcherait immoralement, parce qu'il a pris la peine de pénétrer l'esprit de la théorie évolutionniste; alors, bien au contraire, l'idéal pénétrera de lui-même dans le domaine du but recherché. La théorie de l'évolution est si riche en perspectives d'une valeur réellement élevée, elle est si infiniment abondante en promesses de véritable félicité, qu'aucune des diverses conceptions *antérieures* du monde ne peut lui être comparée sous ce rapport. En effet, ce n'est pas un vague espoir en quelque chose qu'aucun œil humain n'a jamais vu, et encore bien moins calculé, que l'on trouve en cette théorie : c'est *la certitude d'un progrès vers le plus grand bonheur*, et cette certitude est appelée à se faire jour avec une sûreté mathématique par la connaissance plus parfaite du passé et du présent de la nature vivante et morte.

Il serait puéril de venir nous objecter qu'il n'est pas pratique de prétendre enseigner à de petits enfants, dans l'école primaire, la théorie de la descendance, le « darwinisme ». — Fût-il jamais question de démontrer l'astronomie supérieure aux recrues de l'Abécédaire, lorsque l'idée de Copernic s'étendit victorieusement à travers la chrétienté et devint accessible aux écoles populaires? — Certes, il n'a jamais pu venir à l'esprit d'un régent de démontrer à des écoliers de 6 à 7 ans les lois mathématiques de l'orbite des planètes; et cependant, c'est maintenant — non pas Moïse — mais bien Copernic, qui est l'astronome de nos écoles publiques.

Dans une bonne école, on n'enseigne aux écoliers que ce qui est accessible à leur degré de compréhension; mais on se garde bien du moins de leur enseigner dans les premières et secondes classes, que 2 fois 2 font 5, et que 3 est égal à 1, pour arriver à leur démontrer, avec justesse, quelques années plus tard, que 2 fois 2 font 4, et que 3 n'a jamais pu être égal à 1. L'unité et la vérité, la méthode pédagogique et la saine logique règnent à travers tous les degrés de l'école dans l'enseignement des mathématiques.

Que l'on organise dans toutes les classes et à tous les degrés l'*enseignement général* de la même façon méthodique et intelligente, et l'on verra que la théorie de l'évolution, comme un fruit mûri, tom-

bera d'elle-même dans l'âme humaine. Il sera dès lors indifférent
que le fait se produise dans un degré ou dans un autre.

Mais cela *doit* arriver, et cela *arrivera*.

Me voici arrivé au terme de cette première conférence,
et je ne me flatte nullement du vain espoir que les paroles
que j'y ai prononcées amèneront de suite un résultat avantageux et une réalisation prochaine de mes postulats. J'ai
cependant tenu à montrer où nous en sommes actuellement ; j'ai voulu diriger les regards de tous les penseurs
du côté de la monstrueuse contradiction qui règne dans
notre organisation scolaire ; cet état ne peut durer, et j'ai
voulu esquisser CE QUI DOIT ARRIVER, — sinon déjà dans ce
siècle, en tout cas au cours de celui qui vient !

Quelques-uns d'entre vous, mes chers amis, se deman-
deront comment j'arrive à prédire, avec autant d'assurance,
une solution d'une pareille hardiesse à une question aussi
profondément grave. La raison en est très simple : dans
tout combat entre l'erreur et la vérité, c'est la cause de
cette dernière qui doit finir par l'emporter — dans un
temps plus ou moins long ; ce fait est une loi que nous
voyons s'excristalliser infailliblement de l'histoire du
monde, de l'histoire de l'esprit humain, et de celle de l'évolution des sciences.

> Le dogme mosaïque de la création est une *erreur*
> notoirement reconnue. Par contre nous avons en
> mains des milliers de faits qui prouvent que la
> théorie de la descendance est la *vérité*.

> C'est ce que nous démontrerons dans notre seconde
> conférence.

II

Exposition des preuves de la Descendance

(CONFÉRENCE DONNÉE LE 8 FÉVRIER 1889)

HONORÉS ASSISTANTS, CHERS AMIS !

Dans notre première conférence — Moïse ou Darwin ? — nous avons vu que la théorie de la descendance a des adhérents et des représentants dans le camp scientifique de toutes les Universités de l'Europe civilisée.

La victoire de l'idée de la descendance fut réalisée par le travail accumulé de tous les naturalistes actifs et indépendants ; par le travail de ces savants qui, dans les domaines les plus divers des connaissances naturelles, employèrent infatigablement, et sans se laisser détourner de leur but, toute leur force et toute leur énergie ; ils arrivèrent ainsi à enregistrer les faits de la vie de la nature et du monde sous leurs formes les plus variées, à les grouper comparativement en regard les uns des autres, et à en faire dériver l'unité de la loi dans la multiplicité des phénomènes.

Il nous est permis d'affirmer que c'est sur des milliers et des millions de faits constatés d'une façon inattaquable et qui, tous, rendent hommage en faveur de la vérité de la descendance, que nous pouvons nous appuyer ; bien plus, on n'a reconnu aucun phénomène de la nature qui contredise cette vérité. A l'appui de notre dire, notons que des adversaires de la descendance, tout en cherchant à fournir des preuves *contre* cette théorie, sont eux-mêmes arrivés justement à fin contraire de ce qu'ils désiraient, et ont découvert, *contre* leurs intentions et *malgré* tout leur désir, des preuves *en faveur* de la descendance. On a vu beaucoup de « Saül » devenir des « Paul » par l'effet de semblables tentatives.

Avant de tenter de vous présenter quelques-uns des documents les plus frappants, choisis dans l'abondant matériel des preuves de la vérité du principe de la descendance, je désire attirer votre attention sur quelques erreurs encore excessivement répandues : Beaucoup de personnes, même assez cultivées, partagent l'idée erronée que la théorie darwinienne de la sélection naturelle par la lutte pour l'existence est identique à la théorie générale de la descendance, et que, par là, cette dernière serait vaincue si l'on arrivait à réduire à néant la théorie de la sélection[1].

Ceci est une grave erreur, faite pour embrouiller les esprits ! La vérité est que l'idée de la descendance existait *avant* Darwin, bien qu'elle ne fût pas généralement acceptée, et que cette théorie forme un tout INDÉPENDANT, qui ne pourra jamais disparaître du monde, même s'il advenait que la théorie darwinienne de la sélection naturelle fût mille fois rejetée comme fausse, et si on l'eût remplacée par quelqu'autre plus probante.

Aujourd'hui encore, on trouve quantité de penseurs superficiels qui se frottent les mains, avec une béatitude satisfaite, chaque fois qu'ils ont vu que, ici ou là, un naturaliste émet l'avis que la théorie de la sélection par la lutte pour l'existence ne suffit pas pour expliquer la descendance d'une manière tout à fait satisfaisante. Ces « gens de bien » jubilent alors dans une glorieuse extase, et clament, dans l'ivresse du triomphe : « Ah ! Dieu soit loué ! — le darwi-

---

1. Plusieurs des antagonistes de ce livre se démènent, en effet, comme s'il suffisait de chatouiller n'importe où la théorie de la sélection naturelle pour faire évanouir celle de la descendance. Quelle naïveté ! — Mais en fin de compte, ce genre d'adversaires n'est pas si bête qu'il s'en donne l'apparence par ses paroles.

nisme a enfin maintenant cessé de vivre, et la Bible triomphe de nouveau » !

Il n'y a là rien de sérieux, et, cependant, combien de fois cette *folle joie* n'a-t-elle pas traversé la chrétienté orthodoxe, depuis le jour néfaste où l'œuvre de Darwin s'est placée en opposition directe avec Moïse ! Combien de « réfutations victorieuses » du Darwinisme n'ont-elles pas eu, dans les 30 dernières années qui viennent de s'écouler, les honneurs de l'impression, sous forme de livres et de brochures — toutes, hélas ! avec la même destinée !! — Elles n'ont pu avoir aucune prise sur la théorie de la descendance, et ne pourront jamais — ni maintenant, ni plus tard — la toucher, tant peu que ce fût, parce que le sort de cette *vérité* ne saurait, en aucune façon, être assimilé à celui de la théorie de la sélection. On peut dire : LA DESCENDANCE EST UN FAIT — *tandis que l'on peut discuter* SUR LE COMMENT ? sur la SÉLECTION NATURELLE.

Une autre erreur, encore plus répandue et nuisible — idée et supposition intentionnellement propagées — consiste à se représenter la théorie darwinienne comme impliquant que l'homme descend de l'une des espèces de singes connues et encore existantes de nos jours.

Ceci admis, on fait remarquer qu'un singe reste toujours singe, et que nul n'a jamais vu un homme produit par un singe.

On peut diviser ceux qui croient pouvoir attaquer la théorie de la descendance avec de telles armes, en plusieurs catégories : les personnes qui pensent très superficiellement, qui ont des yeux pour ne pas voir, qui sont gens extraordinairement simples, ou bien ceux qui, mieux renseignés qu'ils ne s'en donnent l'air, en savent davantage qu'on ne pourrait le supposer à leurs discours ; ces derniers sont, dans ce cas, des hypocrites et des sophistes, si leur morale les autorise à employer les moyens les plus malpropres lorsqu'il s'agit de nuire à une cause qui leur est personnellement antipathique ; donc : niaiserie et ignorance

— ou méchanceté, dans beaucoup de cas les deux réunis — tels sont les agents d'attaques aussi saugrenues.

Et ces mêmes individus se figurent avoir le droit d'exiger du naturaliste qu'il transforme, par sélection, des pommes en oranges, des orties en figuiers, des noisetiers en ceps de vigne et des chênes ou des aulnes, subitement, en palmiers; ils nous demandent de fabriquer, dans le cours d'une année, des éléphants avec des lapins, un lion avec un renard, un perroquet avec une chauve-souris, et, plus encore : une baleine avec une truite, et un adolescent aux blonds cheveux avec un singe hurleur[1].

Des exigences aussi aventurées apparaissent au naturaliste, aussi bien qu'au jardinier et à l'éleveur, comme des inepties échappées aux petites maisons, car tous les susnommés savent très bien que *la nature ne procède pas par sauts, mais ne cause et ne crée les transformations de formes que très lentement.* En ces matières, l'ignorance en fait d'histoire naturelle est, de nos jours encore, si générale, que des régents d'école primaire, et même des instituteurs d'école cantonale se complaisent à de semblables arguties. C'est là une nouvelle preuve de la nécessité de donner aux maîtres une instruction solide et scientifique, et non une simple couche de vernis.

Si chacun s'en tenait à cette seule maxime naturelle : « Natura non fecit saltum » — la nature ne procède pas par sauts, — toutes ces idées erronées et ces prétentions monstrueuses deviendraient impossibles.

Il a fallu, pendant un siècle, opérer une sélection minutieuse pour produire, avec le pommier sauvage, qui porte

1. Dans sa réfutation contre « Moïse ou Darwin ? », le Dr Eberhard Dennert, professeur à l'Institut pédagogique évangélique de Godesberg A. R., s'écrie, tout plein du Saint-Esprit: « Je ne veux lui imposer (à Dodel) « qu'une seule tâche : c'est de transformer, par culture, une amibe (varia- « ble) en une méduse conforme aux règles. » A une pareille prétention, on est en droit de répondre : Excellent docteur, ne ridiculisez donc pas ainsi tout le corps évangélique enseignant par des répliques aussi niaises ! Il est écrit dans le livre de Job (ch. II, v. 10): « Car tu parles comme les « femmes folles ! »

des fruits immangeables, quelques centaines de variétés
de pommes succulentes; il a fallu autant, et plus de travail
et de patience, jusqu'à ce que, de la forme souche du cheval, aient surgi toutes les diverses variétés de chevaux;
du primitif pigeon des rochers, toutes les races actuellement existantes de pigeons; du chou sauvage, toutes les
différentes variétés de choux. La nature a dû travailler des
millions d'années pour arriver à produire l'humanité; et
c'est un laps de temps au moins aussi considérable qu'ont
nécessité : la formation du genre humain d'une part, la
formation de la clique des divers singes anthropomorphes
d'autre part, pour leur permettre de se développer, d'évoluer, en partant d'un type quadrupède pourvu de poils
et d'une queue.

Les plantes et les animaux ne varient et ne se perfec-
tionnent que lentement, de génération à génération, si
insensiblement que les individus qui se succèdent directement nous semblent presque identiques; les jardiniers et
les éleveurs savent cela mieux que les professeurs.

Par des motifs faciles à concevoir, la variation, dans
la libre nature, est encore bien plus lente que lorsque
plantes et animaux se trouvent placés par l'homme dans
des conditions de régime entièrement transformées : Des
milliers d'années peuvent se succéder avant que, d'une
forme végétale ou animale sauvage, surgisse, ici ou là,
une nouvelle race, ou une nouvelle variété, sauvage aussi,
et la terre peut rouler pendant des millions d'années avant
qu'une nouvelle espèce d'animaux résulte, à sa surface,
des variations graduelles d'une espèce animale. Partant
d'une forme donnée, ce n'est donc qu'au travers de longues,
d'incalculables périodes, que la *nature* en crée de nouvelles.
Rien ne lui presse, car elle dispose... de l'*Éternité*. Des
millions d'années comptent pour la nature comme un jour
pour nous, et les éternités se succèdent pour elle comme,
pour nous, les veillées.

Que représente, en face de cela, le cours d'une existence

individuelle, qui passe pour *très longue* lorsqu'elle atteint
80 ans! Ne sommes-nous pas des mouches éphémères?
— En réalité, la durée de notre vie est trop courte pour
servir d'étalon aux événements et à la succession des phénomènes de la nature. Par contre, la science fournit à
l'esprit qui réfléchit les moyens d'étendre au loin cette
trop brève existence, et de la *prolonger en arrière*, et, par
elle, nous pouvons plonger bien loin dans les profondeurs
du passé, tenant en main le flambeau de la recherche, et
étendre en avant vers l'infini ce flambeau qui nous met en
état de déterminer à l'avance les lois de l'évolution et de la
succession des phénomènes dans l'*avenir*, d'après les leçons
du passé et du présent.

La *théorie de la descendance* est aussi appelée THÉORIE DE
L'ÉVOLUTION. Cette dernière dénomination est plus ample
que la première, car elle ne peut s'appliquer qu'aux organismes vivants, tandis que le terme « théorie de l'évolution » embrasse le monde visible *tout entier*, tout l'univers.
En effet, cette théorie se reconnaît vraie, non seulement
dans les phénomènes naturels de la planète « Terre » qui
nous porte, mais aussi comme l'expression d'*une seule* et
grandiose loi qui règle le processus de l'univers.

C'est ce que nous enseigne l'**Astronomie**.

Notre système solaire n'est pas parvenu tout d'un coup
à son état actuel, mais a *graduellement* évolué, ce qui a
nécessité un temps incalculablement long. En explorant le
monde stellaire, nous avons acquis la certitude que de
continuels changements se produisent dans l'univers, et
que, dans l'espace éthéré, les principes matériels sont dans
un état de transformation et de mouvement perpétuel. Ce
que, ce soir, nous voyons briller étincelant dans le ciel
étoilé, c'est la révélation lumineuse d'une vie universelle,
sans commencement ni fin; c'est une révélation pour ainsi
dire palpable, qui nous arrive des lointeurs et des bas fonds
de l'espace illimité, rempli d'une matière infinie et d'une
force sans bornes. Notre œil peut contempler l'atelier de

l'univers, qui jamais ne repose, jamais ne fut complet et fini, mais qui, éternellement inachevé, devient et cesse continuellement, agité d'un perpétuel mouvement, et qui, dans ses transformations ininterrompues, change sans cesse d'aspect. Notre système solaire qui, dans son ensemble, comprend *une* étoile fixe, le soleil, et ses nombreuses planètes et planétoïdes accompagnées de leurs satellites, n'est qu'un tout petit groupe des corps célestes de l'univers : chacune des autres étoiles fixes — et nous en pouvons compter environ 5800 à l'œil nu — possède également un système à elle appartenant. Or, l'astronome, armé des télescopes actuels les plus perfectionnés, ne découvre pas moins de 40 à 50000 semblables mondes resplendissants ; il admire, dans les profondes perspectives, des points où des systèmes solaires sont en voie de formation, surgissant, pour ainsi dire, des gouffres infinis de l'Océan éthéré : brillantes masses de gaz nommées nébuleuses, ces systèmes ont lentement acquis la lumière et la forme, puis passeront, graduellement, de l'état gazeux à celui d'un liquide incandescent, appelé dans la suite des temps à s'entourer d'une écorce solide. Ailleurs, dans l'univers, on distingue des mondes décrépits, qui tendent vers la morne et sombre mort, pour être, dans un lointain avenir, réveillés de nouveau, occasionnellement, et rendus au mouvement et à une vie nouvelle. Le ciel nocturne parsemé d'étoiles présente à l'œil de l'astronome à peu près le même aspect qu'à celui du botaniste, la prairie émaillée de fleurs de la vallée solitaire. Et, de même que le botaniste peut, dans un seul talus verdoyant découvrir en même temps *tous* les divers stades d'évolution de plantes de différentes familles, de même qu'il y trouve représentés depuis le plus petit pollen à peine visible au microscope, jusqu'à la plante en fleurs ou en fruits, et celle qui disperse ses graines, et celle qui se flétrit, agonisante : de même aussi l'astronome, dans la scintillante plaine du ciel étoilé, découvre tous les degrés d'évolution des mondes : naissants, adultes, vieillis ou expirants. Il est devenu, dès lors, possible de formuler une réponse satisfaisante à cette question, qui s'est toujours davantage imposée à la curiosité de l'esprit humain : Comment notre système solaire a-t-il pris naissance ?

Il fut donné à deux des plus grands savants du siècle dernier de poser les bases d'une théorie de la formation de l'univers. Cette théorie se trouve le mieux harmoniser avec les faits reconnus jusqu'ici en astronomie, et elle jouit, pour ce motif, de la plus grande faveur chez les astronomes modernes : en 1755, *Emmanuel Kant*, grand philosophe allemand, publia « l'Histoire naturelle générale et la théorie du ciel » et, en 1796, l'astronome éminent *Laplace*, français, couronna la théorie Kantienne par son ouvrage « Sur le système des mondes ».

De cette théorie « Kant-Laplacienne », la partie la plus intéressante pour notre sujet enseigne, brièvement résumée, à peu près ce qui suit :

Il fut un temps où notre soleil, ainsi que les planètes qui circulent autour de lui, — Mercure, Vénus, la Terre, Mars, Jupiter, Saturne, Uranus, Neptune, etc. — étaient réunis en une masse gazeuse répandue uniformément dans l'espace occupé actuellement par le système solaire ; cette masse possédait une très faible densité, et était semblable aux taches d'apparence nuageuse que nous révèle aujourd'hui encore le télescope dans les horizons célestes, taches qui sont, elles aussi, à l'état gazeux, ce qui est prouvé par les physiciens, au moyen du spectroscope.

La masse gazéiforme de notre système solaire, qui, jadis — il y a bien des millions d'années — était donc une nébuleuse nageant dans l'immensité, a commencé par se contracter en une seule boule, en un globe, de même que, lorsque de l'eau à l'état de gaz (vapeur d'eau) se condense dans l'atmosphère, des gouttelettes globulaires se forment. — Les lois de la physique enseignent que la masse entière dut, par cet effet, atteindre une haute température qui s'éleva régulièrement au fur et à mesure que les molécules atomiques du gaz se rapprochaient davantage les unes des autres. Cette nébuleuse de gaz lumineux finit par devenir un globe liquide et incandescent, qui acquit déjà par sa formation un mouvement rotatoire, mouvement qui s'accéléra toujours davantage, à mesure que la masse entière continuait de se concentrer, et cela conformément aux lois physiques reconnues. Donc, tous les éléments, toute la matière qui constitue notre soleil et son cortège de planètes avec leurs satellites, tout cela fut, une fois, un seul globe de liquide, à l'état d'incandescence et qui tournait autour de son axe. Et le sens de rotation de l'axe est, en réalité, aujourd'hui encore, de l'Ouest à l'Est de même qu'à ces lointaines époques.

Comme l'espace intersidéral est très froid, la surface de ce soleil primordial dut perdre continuellement de sa chaleur, par conséquent cette surface dut se rétracter proportionnellement à ce refroidissement. Il résulta de ce fait que, par des lois faciles à calculer, la rotation du globe autour de son axe s'accéléra encore, et cela de telle façon que de petites portions furent, par suite de la force centrifuge, projetées au dehors de l'équateur du corps en rotation, et abandonnèrent la masse du soleil sous la forme de planètes. Ce phénomène se renouvela à plusieurs reprises. Les corps projetés, liquides masses en feu, roulaient aussi sur leur axe ; ils ne s'éloignèrent du soleil que jusqu'au point où la force attractive de sa masse fut plus puissante que la force centrifuge des fugitifs, ce qui rendit impossible un plus grand éloignement, de sorte que les nouveaux corps célestes continuèrent leur marche en circulant dans un orbite tracé par leur source maternelle, le soleil.

Ainsi naquirent les planètes ; quelques-unes d'entr'elles, se comportant dans la suite comme le soleil, dégagèrent, elles-mêmes aussi, des corps plus petits sous forme d'anneaux ou de satellites (lunes). L'appareil de *Plateau* reproduit, en miniature, cette formation des planètes ou des satellites : une expérience de physique est venue

« démontrer » la *justesse de cette théorie de création du monde*.

Toutes les planètes appartenant au système solaire circulent dans la même direction autour du corps central, et sans s'éloigner d'un plan qui passe par l'équateur du soleil. Les mouvements particuliers aux satellites (lunes) ne permettent également pas d'autre explication de la formation des mondes que *celle* que nous venons d'exposer.

C'est ainsi que l'esprit d'observation de l'homme a pu, par l'étude de l'aspect du ciel étoilé nocturne, déduire les lois de la *mécanique céleste*, de la *physique cosmique;* c'est ainsi que ce même esprit humain est arrivé à se construire un panorama de la destinée de la terre et des étoiles qui l'avoisinent.

Il n'y a que peu d'années que la physique est arrivée, à l'aide du spectroscope, à fournir la preuve certaine que les mêmes matières que l'on trouve sur terre existent aussi toutes dans l'atmosphère encore incandescente du soleil : l'hydrogène, le natron, le magnésium, l'aluminium, le calcium, le chrome, le nickel, la manganèse, le fer, le titane, le cuivre, le zinc, le bore, la silice, le potassium, etc.

Ce fut un grand triomphe pour la science, lorsqu'elle réussit à apporter la preuve que notre terre est réellement un enfant direct du soleil.

Bien avant que, dans le domaine de la nature vivante — plantes et animaux, — les naturalistes fussent arrivés à reconnaître que l'unité de *l'évolution* est une loi, l'astronomie, elle, avait dès longtemps constaté que, dans l'univers infini, où d'innombrables systèmes solaires flottent, rêveusement bercés, sur l'abîme, l'astronomie avait, dis-je, constaté que l'évolution est à l'ordre du jour depuis des milliers, des centaines de milliers, des millions d'années. Le fait est que le ciel, parsemé d'étoiles, nous raconte, dans une même tranquille soirée, des histoires de tous les temps, dont quelques-unes très, très anciennes. Sur les ailes des rayons que nous envoient, des distances les plus diverses de l'univers, les mondes, jeunes et vieux, nous arrive la notion d'événements passés dès longtemps, et qui se sont accomplis dans un temps très reculé, bien en arrière du moment où nous les considérons. Un rayon lumineux parcourt 40,000 lieues à l'heure, il emploie 8 minutes 1/2 à voler du soleil à la terre; ainsi, si une violente éruption se produit à la surface du soleil, nous n'en avons connaissance ici, sur la terre, que 8 minutes 1/2 après que le phénomène a eu lieu. Or, toutes les étoiles fixes qui scintillent au ciel sont infiniment plus éloignées de nous que le soleil; par exemple, il faut à un rayon lumineux parti de l'étoile polaire, 43 années révolues pour qu'il nous parvienne; en d'autres termes : la blanche lumière qui révèle ce soir, par son scintillement, l'existence de l'étoile polaire dans notre ciel septentrional, cette lumière a quitté ce corps céleste, là-bas, depuis 43 ans; aujourd'hui seulement nous apprenons ce qui s'est passé, dans l'univers : sur Sirius — il y a 14 ans; sur Arcturus — il y a 25 ans et demi. Des étoiles fixes que nous pouvons encore percevoir à l'œil nu, les plus petites sont si éloignées de nous que leur lumière a mis environ 130 années, depuis qu'elle est partie d'elles, avant d'arriver jusqu'à la terre. Mais l'œil de l'astronome pénètre, à l'aide des plus puissants télescopes, à de tels lointains, dans les profondeurs de l'univers, que nous observons, seulement aujourd'hui, des phénomènes lumineux qui se sont produits il y a des milliers d'années dans ces espaces infinis; on estime que la voie lactée est éloignée de nous par une distance qui équivaut, approximativement, à 5,000 années de lumière. Herschell a observé, avec son télescope-géant, des nébuleuses qui sont si loin de la terre que leur lumière court pendant *des millions* d'années avant de nous parvenir. Il est donc textuellement exact que, lorsque, de son observatoire, l'astronome scrute d'un œil avide le ciel de la nuit, il considère des choses qui sont arrivées depuis longtemps dans l'univers. L'astronome lit dans le passé, et est ainsi le seul naturaliste qui nous montre nettement et mathématiquement des faits notés comme accomplis dans le grand livre du passé[1].

On peut presque nommer merveilleuses ces choses, devant lesquelles le penseur se découvre avec admiration, en même temps qu'il ressent de la joie et de la consolation, lorsque l'astronomie, aussi sûrement qu'elle lui prédit une éclipse, lui dit : Et voici, une seule loi se révèle de tous côtés, dans l'infiniment grand comme dans l'invisiblement petit, dans l'infiniment éloigné comme dans l'incommensurablement rapproché, et cette loi, c'est : *l'évolution!* Tout se transforme, tout change et se développe; tout, dans les fugitives métamorphoses des phénomènes, est continuellement occupé à devenir et à disparaître; *rien* ne se perd, mais tout change de forme et d'être; seule, la force est une et éternelle, quelle que soit la multiplicité de ses manifestations; quelque variables que soient les aspects qu'elle peut revêtir, la force n'est jamais perdue, et ne disparaît jamais[2].

En contemplant toutes ces choses, une grande pensée commence à poindre au seuil de notre connaissance : Éternité et Infini! Nous arrivons à pressentir ce que signifie l'infini de l'espace et du temps; nous accoutumons notre esprit à l'idée qu'il n'y a pas d'espace limité dans l'univers, que le passé ne connut pas de commencement, pas plus qu'il n'y a de fin possible pour l'avenir. — Nous devenons honteux de la conception enfantine que nous, nous qui sommes si peu de chose, dussions, seuls dans le grand chantier de l'univers, avoir une durée éternelle et immuable.

---

1. L'espace dont je dispose dans ce travail ne me permet pas de faire de plus lointaines excursions dans le vaste champ des observations astronomiques. Par contre, je profiterai de l'occasion pour attirer l'attention sur un livre qui devrait avoir, dans chaque bibliothèque de société ou privée, sa place d'honneur marquée; je parle de « *l'Histoire populaire de l'évolution des mondes* » par le Dr *K. Aug. Specht* (Gotha, dépôt de librairie de Stollberg. 3ᵉ édition, 1889).

2. Voir le superbe ouvrage de Carus Sterne : « Devenir et disparaître. » (Berlin, librairie Borntræger.)

Lorsque la terre fut abandonnée par sa mère, le soleil, elle conserva longtemps, sous sa forme de globe incandescent, une température si élevée, que, durant une succession innombrable de siècles, il ne put être question, à sa surface, de l'apparition d'une vie végétale ou animale quelconque. Il a fallu d'abord qu'elle se fût assez refroidie pour permettre à une croûte solide de venir étreindre son noyau embrasé; la condensation des vapeurs d'eau qui nageaient dans sa chaude atmosphère produisit des mers, qui, pendant des milliers d'années, ont recouvert, sans aucun doute, toute sa superficie. La perte progressive de la chaleur de la terre entraîna à sa suite une rétraction constante de son écorce refroidie. D'après des lois physiques aisément explicables, on vit apparaître, ici et là, des continents émergeant du sein des mers. A cette époque a commencé la *circulation de l'eau*, ce travail continu qui, depuis des millions d'années, occasionne des variations incessantes dans la structure de notre écorce terrestre, variations qui se produisent actuellement encore, et dont l'histoire est gravée dans cette écorce même. La **Géologie** (étude de la terre) est, d'entre les sciences naturelles, celle qui nous offre, aujourd'hui, un exposé de l'histoire de l'évolution de la croûte terrestre, et elle fournit même un puissant appui à l'édifice de la théorie de la descendance. La géologie démontre : quelles roches ont une origine volcanique, et quelles autres ne sont que le limon durci des eaux douces et salées; elle enseigne par quels procédés les phénomènes atmosphériques ont, lentement, transformé en mers des portions de continents; comment ils ont agi sur les montagnes, les abaissant et disloquant leurs chaînes; comment ont existé, aux mêmes points de la surface du globe, tantôt des continents, tantôt des mers; comment des élévations du sol ont alterné avec des affaissements; comment les débris de ce qui se détruisait devinrent les matériaux de nouvelles formations. La géologie étudie quelles sont les sortes de roches qui se formèrent à telle ou telle époque; comment certains genres de ces roches se sont naturellement superposées, et ont, souvent aussi, été très fortement déplacées. La géologie prouve que l'âge de l'écorce solide de notre terre se chiffre par millions d'années, et que cette surface constitue, par elle-même, un livre important dans lequel la nature a, comme dans un journal, enregistré sa propre histoire. Entraîné par la constante activité de la circulation des eaux, le fin limon remplit l'office de mouleur : en effet, des plantes et des animaux, se trouvant parfois ensevelis dans la vase des flots, acquirent peu à peu la dureté du roc, et gravèrent leurs fines images, *pétrifications* conservées aux époques ultérieures du monde. Ces pétrifications d'empreintes d'animaux ou de plantes morts, nous donnent connaissance des organismes qui animaient notre terre dans ces temps reculés, où aucun pied humain n'avait encore foulé les plaines.

Il y a relativement peu de temps que l'on a commencé à collectionner ces vestiges, et à les comparer les uns avec les autres, aussi bien qu'avec les plantes et animaux actuellement vivants. Une nouvelle science avait vu le jour, la **Paléontologie** (étude des fossiles), qui nous livre, d'une main légère, et cependant assurée, des peintures grandioses de toutes les époques préhistoriques du monde disparu, tant végétal qu'animal.

Il est devenu littéralement vrai que :

Là où les hommes restent muets — parce qu'aucun être humain ne pouvait encore vivre — là où les hommes n'ont écrit aucune histoire : *là, les pierres ont acquis un langage.*

Ce sont ces deux sciences — la géologie et la paléontologie — qui ont, d'un commun accord, déterminé l'âge de chaque couche de l'écorce terrestre; c'est par elles que nous avons appris quelles plantes et quels animaux vécurent primitivement sur la terre, et dans quel ordre apparurent plantes et animaux dans la succession des âges.

Par l'étude des fossiles, qui ont, dans le livre de l'histoire, une importance autrement démonstrative que Moïse et tous les prophètes des livres de l'histoire hébraïque, ces deux sciences enseignent que :

1. Le monde organique a débuté par des formes excessivement simples, par des plantes et animaux inférieurs.

2. Les règnes végétal et animal furent primitivement très pauvres en variétés de formes.

3. Les règnes végétal et animal ont très lentement évolué, partant de quelques rares formes, très inférieurement organisées, donc très simples, pour aboutir à de nombreuses formes, organisées supérieurement, soit compliquées, en procédant de la pauvreté et de la simplicité de formes à une abondance des formes.

(Les premières plantes terrestres ne portaient encore point de fleurs odorantes ; dans les forêts houillères, aucune rose n'exhalait son parfum, aucun papillon n'errait de fleur en fleur.)

4. Les règnes végétal et animal des époques antérieures, contenaient des espèces bizarres, hazardées, qui disparurent depuis lors.

(Il existait dans ce temps des monstres gigantesques qui dépassent toutes les imaginations de l'enfant. Occasionnellement, des formes de transition apparurent : par exemple entre les poissons et les lézards, entre les lézards et les oiseaux. Des couches terrestres nommées jurassiennes qui furent constituées par l'action des eaux — lorsque notre chaîne du Jura se formait du limon de la mer — on a extrait les débris fossilisés d'un animal qui était encore reptile pour un quart et qui était déjà aux trois quarts un oiseau — un oiseau muni de dents au bec, et, avec cela, possesseur d'une queue allongée faite comme celle des lézards, mais emplumée.)

5. Les caractères généraux des règnes végétal et animal se rapprochent toujours davantage de ceux des règnes végétal et animal de notre époque, à mesure que l'antiquité se rapproche du présent.

6. Les formes des plantes et animaux, disparues dans les diverses périodes, sont reliées entr'elles par des formes transitoires, par de légères gradations.

7. *La géologie et la paléontologie enseignent, d'une façon indéniable, par tous les faits relevés jusqu'ici et comparés les uns avec les autres, qu'un être supérieur descend d'un ancêtre inférieur, et qu'un rapport de parenté sanguine relie toute la nature vivante[1].*

On ne peut plus élever de doutes sur la réalité de ces faits, car ils sont *prouvés* par des centaines de milliers de documents fossilisés. Des preuves authentiques en sont exhibées aux regards de l'observateur, dans les collections paléontologiques des cabinets d'histoire naturelle, et cela en nombre tel que tout visiteur pourvu d'un esprit sain et susceptible de réfléchir devrait, fût-ce même *contre* sa volonté, arriver à être convaincu de la vérité de la théorie de la descendance. C'est du délire ou de la démence, c'est aveuglement d'esprit, ou prévention incurable, que de ne pas *vouloir* reconnaître la vérité de la descendance en face d'un pareil arsenal de preuves.

C'est ce qu'a reconnu mon prédécesseur, le pieux Dr *Oswald Heer*, et c'est pourquoi il a — malgré sa foi — loyalement reconnu la vérité de la descendance.

Oui, mesdames et messieurs, ce sont des pierres qui ont prouvé que Moïse nous a faussement renseignés. Le Sentis et le Glernisch, le Dachstein et le Righi, les Alpes et le Jura, révèlent, d'un commun accord, que, *ce qui est vrai*, c'est *le contraire* de ce que l'on persiste à raconter aux enfants, en fait de création du monde, dans les écoles primaires de nos pays. Nos montagnes portent témoignage contre les écoles publiques; combien de temps devrons-nous encore rougir de honte en constatant que l'erreur se propage

---

1. Le lecteur trouvera de plus amples détails sur ce sujet dans un excellent ouvrage, bien illustré et à bas prix, de R. Rommeli : « *L'Histoire de la terre* ». Librairie W. Dietz. Stuttgart, 1890.

hardiment et prospère comme la mauvaise herbe dans les champs, tandis que la vérité est soigneusement à l'abri, cachée dans les casiers vitrés des collections d'objets d'histoire naturelle?

Une autre science naturelle étudie la structure interne du corps humain comparée avec celle des animaux, et la structure interne des animaux les plus divers, comparée sous ce rapport les uns avec les autres : celle-ci se nomme

L'ANATOMIE COMPARÉE.

Cette science constate également un nombre inouï de faits qui fournissent la *preuve* de la *descendance*, et elle n'en a pas relevé un seul qui témoigne *contre* cette théorie.

Déjà dans l'antiquité, les grandes ressemblances qui existent entre diverses familles de singes et le genre humain avaient frappé les observateurs. Les pieux naturalistes des anciennes écoles ont, eux-mêmes, désigné un groupe de singes tout bonnement « anthropoïdes » (qui ressemble à l'homme); et cet enfant, qui visitait avec sa mère le Jardin d'acclimatation, et y vit pour la première fois ces animaux, constata de suite la ressemblance lorsque, s'adressant subitement à sa mère, il lui demanda : « Dis donc, maman, est-ce qu'ils prient aussi, ces individus? »

Cette grande similitude de structure corporelle, qui existe entre le singe et l'homme, a rendu, pendant des siècles, d'immenses services à la médecine : comme l'Église chrétienne du moyen-âge prohibait la dissection du cadavre humain à cause de la résurrection, les professeurs et les étudiants en médecine durent avoir recours à des cadavres simiens pour étudier l'anatomie *humaine*. Par cette action, l'église a tacitement reconnu que la structure interne du singe est, dans ses parties essentielles, la même que celle de l'homme; que le corps d'un singe est moulé sur celui de l'homme, ou inversement, que le corps de l'homme représente une contrefaction de celui du singe.

L'anatomie comparée enseigne, en réalité, qu'il y a, non seulement dans la structure du squelette du tronc, mais bien aussi dans celle des os des pieds et des mains, une ressemblance si frappante entre l'homme et les singes anthropomorphes (par exemple le gorille), que nous devons involontairement arriver à acquérir la persuasion qu'il existe, entre l'homme et les singes supérieurs, un rapport de parenté consanguine telle, que, dans un passé bien éloigné de nous, les ancêtres de l'homme et ceux des singes anthropomorphes durent être *identiques*.

En comparant l'ossature humaine à celle du gorille, nous trouvons exactement les mêmes os; il y a harmonie parfaite dans le nombre et la juxtaposition. La même similitude s'observe en ce qui concerne les autres organes, à tel point que Huxley, le célèbre naturaliste anglais, arrive au résultat suivant : « Nous pouvons examiner un système « d'organes quelconque, la comparaison de leurs divergences dans le genre simien conduit à un seul et même « résultat, à savoir : les différences anatomiques qui séparent l'homme du gorille ou du chimpanzé sont « moindres que celles qui séparent le gorille des singes « inférieurs. »

La science ne connaît, à cette conformité de structure anatomique, pas d'autre explication possible qu'une communauté d'origine. Et, lorsque nous étudions la structure de n'importe quel groupe d'organismes systématiquement apparentés, et que nous comparons les résultats qui ressortent de cette étude avec les rapports anatomiques qui caractérisent un autre groupe d'organismes de même classe, nous découvrons une foule de ressemblances frappantes, qui ne sont explicables que si l'on accepte une origine commune.

Si nous voulons comprendre l'anatomie comparée des mammifères, nous n'y arriverons que si nous ne continuons pas à rejeter l'idée que tous descendent d'ancêtres communs, et que les mammifères se sont développés, par une lente évolution graduelle, au cours d'innombrables générations de formes très inférieures.

Et, si l'on compare la structure anatomique des mammifères qui sont tout au bas de l'échelle, avec celle des reptiles, on aboutit à la conclusion que les plus anciens mammifères sont provenus de reptiles des temps les plus reculés.

Et, cela, la paléontologie l'enseigne aussi.

Il en est de même de l'anatomie comparée des plantes. Tout, oui, tout témoigne de la vérité de la descendance.

Une autre science est nommée : **L'Histoire de l'évolution comparée, ou Histoire de l'Embryologie, des germes.**

Cette science scrute tout le processus d'évolution d'un animal ou d'une plante, dès son tout premier début, depuis la cellule primitive ou germinative, jusqu'à sa complète maturité, jusqu'au moment où l'organisme adulte émet lui-même des cellules germinatives.

Or c'est précisément cette très jeune science qui a mis au jour *le plus imposant matériel de preuves à l'appui de la descendance*. En effet, nous rencontrons là toute une série de phénomènes qui s'étend à perte de vue, et qui a une telle signification scientifique que le plus incrédule doit rester bouche béante devant elle. Naturellement, ces faits déroutent d'une façon si radicale et si extraordinairement gênante les croyants bibliques et d'autres adversaires de la théorie de la descendance, que ces derniers préfèrent silencieusement côtoyer le sujet plutôt que d'entreprendre la discussion. Mais nous sommes assez immodestes, nous autres, pour ne pas laisser, sans protester, louvoyer ces voyageurs et pélerins fugitifs; non, ils doivent faire : halte ! et nous donner leur opinion au sujet de ces phénomènes par lesquels l'enfant, encore caché dans le sein maternel et longtemps déjà avant sa naissance, témoigne que nous sommes d'origine bestiale et que nos ancêtres furent des animaux et ne sont devenus des hommes qu'en traversant un long processus de transformations.

L'histoire comparée de l'évolution a conduit à la découverte d'une loi qui ne peut être énoncée qu'autant que l'on aura admis comme certain que le supérieur descend de l'inférieur. La nature nous fournit, par ses révélations, des informations si précises que le naturaliste n'est plus en état de formuler une loi, qu'il aura découverte en groupant comparativement des centaines et des milliers de faits, loi explicative de la succession des phénomènes, s'il n'est pas arrivé à admettre la descendance comme un fait accompli. On peut donc s'exprimer ainsi : *La nature* FORCE *le savant* à affirmer *la vérité de la descendance*. La façon dont le naturaliste veut rendre compte des faits observés et des lois naturelles qui en découlent ne dépendent plus de sa volonté, de ses préjugés ou de sa croyance : il devient *forcément*, *avec* ou *contre* sa volonté, un apôtre de la théorie de l'évolution. L'exemple suivant éclaircira ce fait.

D'après la théorie de la descendance, les ancêtres de l'homme qui sont les plus voisins de nous dans le passé furent des mammifères organisés supérieurement qui, eux-mêmes, descendaient de mammifères organisés plus simplement. Ces mammifères inférieurs de l'antiquité, avaient eu comme origine des reptiles qui descendaient, eux, dans un passé encore plus éloigné, des types les plus imparfaits des vertébrés, les poissons. Les aïeux des poissons étaient des formes vermiculaires (ce qui est actuellement partout admis), qui avaient été eux-mêmes, à l'origine, des animaux d'une organisation encore plus imparfaite. Donc, les primitifs ancêtres du genre humain sont à chercher dans un de ces degrés inférieurs de l'évolution que nous retrouvons, de nos jours encore, chez beaucoup de minuscules êtres microscopiques vivants, desquels il est souvent difficile d'affirmer que l'on a sous les yeux des végétaux excessivement simples ou de véritables animaux très inférieurs.

Nous pouvons donc nous résumer ainsi : l'histoire évolutive du genre humain, c'est-à-dire l'*histoire de notre origine*, débute, d'après la théorie de la descendance, par un corpuscule microscopique du genre le plus simple; nous le voyons ensuite passer par le degré d'évolution des vers; puis, continuant à évoluer à travers d'innombrables générations, qui nécessitèrent des millions d'années, il parvint à atteindre le degré d'organisation des reptiles, puis des mammifères inférieurs, et, arriva enfin au plus haut échelon des mammifères, à l'état de quadrumane.

Maintenant, examinons comment se comporte la marche de l'évolution *d'un seul homme*, d'un individu!

L'homme commence à vivre à l'état de germe, avec sa cellule ovulaire fertilisée, qui est produite et est fertilisée exactement comme celle de n'importe quel animal bisexué d'un degré d'organisation supérieur ou inférieur. L'ovule humain a la même apparence que celui des autres animaux. Dans les premiers jours du développement de l'embryon, la jeune créature destinée à devenir un homme ressemble parfaitement au germe d'un animal invertébré organisé inférieurement. Ensuite, l'embryon humain traverse, les uns après les autres, les degrés d'organisation des vertébrés inférieurs. Il se façonne même, en passant, des organes qui ne se présentent que chez des animaux tels que les poissons et beaucoup d'amphibies, et ne leur servent que pour leur permettre de respirer dans l'eau : ce sont des arcs branchiaux, des ouvertures branchiales et des veines, qui se forment dans l'embryon humain comme s'il devait devenir un poisson; ce sont des organes qui sont appelés à disparaître ultérieurement, ou à être employés dans la suite à un tout autre but ; ce sont là des organes qui ne lui sont d'aucune utilité, mais qui peuvent nous renseigner sur notre origine et sur ce qu'étaient nos ancêtres. Le cerveau de l'embryon humain traverse tour à tour tous les stades principaux de la formation cérébrale, depuis les vertébrés les plus inférieurs jusqu'aux poissons de l'organisation la plus élevée. Le cœur humain, comme celui des autres animaux, débute par la forme tubulaire ; plus tard deux compartiments se forment, mais ceux-ci ne sont d'abord pas séparés, et représentent, conséquemment, un degré d'évolution qui rappelle les reptiles. — Hélas oui ! on ose à peine le dire : il y a un certain moment pendant la durée duquel l'embryon humain possède, au bas du dos, un prolongement saillant de la colonne vertébrale, comme s'il s'agissait du développement d'un singe muni d'une queue.

Il n'est pas un organe, intérieur ou extérieur, du corps humain qui ne rappelle vivement, pendant la première évolution de son embryon, les degrés d'organisation des animaux conformés inférieurement. Ces motifs ont amené le célèbre zoologue allemand *Hæckel*, d'Iéna, ce Darwin de l'Allemagne qui s'est fait tant d'ennemis en même temps que tant d'envieux, à résumer la légitimité de la série évolutive de l'histoire de l'embryon dans les paroles suivantes :

L'HISTOIRE DE L'ÉVOLUTION DE L'INDIVIDU HUMAIN OU DE L'INDIVIDU ANIMAL EST UNE RÉPÉTITION RAPIDE ET PARTIELLEMENT ABRÉGÉE DE L'HISTOIRE DE L'ÉVOLUTION DANS LA SÉRIE DE LEURS ANCÊTRES.

L'homme parcourt, déjà lorsqu'il prend vie et se développe dans le sein de sa mère, tous les principaux stades d'évolution de ses ancêtres animaux[1].

Lorsqu'il naît, il a déjà vécu une existence pleine de

1. Nous pouvons recommander à ceux de nos lecteurs qui ont étudié la biologie et désirent approfondir davantage l'histoire de l'embryon humain, les ouvrages, purement scientifiques, qui suivent : *Abrégé de l'histoire de l'évolution chez l'homme et les animaux supérieurs*, par Albert Kölliker, professeur d'anatomie à Wurzbourg, 2ᵉ édition, 1844. Leipzig, chez Engelmann. — *Traité de l'histoire de l'évolution de l'homme et des vertébrés*, par le professeur-docteur O. Hertwig, 2ᵉ édition, chez G. Fischer, à Iéna. — *Anthropogénie, histoire de l'évolution de l'homme*, par le professeur docteur E. Hæckel, à Iéna.

signification, dont on n'avait précédemment aucun soupçon. L'homme est *mis au monde* comme un animal, et, nourrisson abandonné à lui-même, il est encore un petit animal terriblement maladroit. La pensée, la pensée consciente, le langage, en un mot tout ce qui différencie l'homme de l'animal, n'est *appris* par l'enfant que plus tard, — souvent très tardivement, — lorsqu'il est adulte[1].

Le petit téte, crie, et évacue comme un animal; comme ce dernier, il est privé de la parole et de la pensée ; il est éhonté et inconvenant comme un animal; lorsqu'il est sorti des langes, il imite tout ce qu'il voit faire (singer), tout comme une classe de mammifères que l'on nomme « les singes » ; lorsque le petit enfant se trémousse dans son berceau, il joue avec ses pieds, et les utilise fréquemment pour saisir sa cuiller, son hochet, son jouet, etc. ; à l'occasion, il lui arrive de sucer ses orteils, et il manie toutes ses extrémités avec une aussi grande facilité que s'il devait rester quadrumane. Le petit gamin grimpe volontiers aux arbres, et emploie alors ses pieds nus comme un quadrumane. — Ce sont là des faits, bien connus de tout le monde, mais qui ont une valeur scientifique très importante. Loin de nous l'idée d'avoir voulu, dans les lignes qui précèdent, méconnaître la supériorité du nouveau-né; loin de nous l'idée d'avoir eu, par là, l'intention de ridiculiser l'enfant, en l'assimilant à un animal; bien au contraire, lorsque nous réfléchissons que ce petit vermisseau inconvenant, qui, attaché au sein maternel, obéit à son instinct, peut être appelé à devenir l'orgueil de sa patrie ou la gloire de son siècle, nous y pensons avec des larmes de joie, en constatant que la loi de l'évolution de la nature vivante est capable de réaliser en peu de temps ce qui a coûté des millions d'années à l'histoire de la souche du genre humain.

Ce quadrumane ne devient un homme que par l'éduca-

1. Il est malaisé de comprendre pourquoi l'auteur refuse ici la pensée consciente à l'animal. (*Note du traducteur.*)

tion et l'expérience. En effet, on peut citer des circonstances où l'animal.... reste un animal, et où l'enfant ne
produit pas un homme digne de ce nom. Ceci fut suffisamment prouvé par la vie de Gaspard Hauser, et de quelques
autres infortunés.

Dans le *règne végétal*, l'histoire comparée de l'évolution
a également apporté un grand nombre de preuves à l'appui de la vérité de la descendance. Ne pouvant introduire
dans ce livre des figures explicatives, je me bornerai à
citer quelques exemples de ce fait : Les mousses feuillues
conservent longtemps, pendant leur état embryonnaire,
une apparence si semblable aux verts filaments des algues,
qu'elles sont, durant cette période, facilement confondues
avec la véritable algue verte. Il est hors de doute que ces
mousses descendent de plantes ancestrales de la famille des
algues. La fougère ressemble, par contre, à une certaine
époque de sa croissance, aux hépatites inférieures, auxquelles elle doit son origine. La famille des pins nous
enseigne, par son évolution, qu'elle descend de plantes
aflorées du groupe des lycopodes.

Il existe encore une autre science, c'est la **Morphologie,**
ou **Organographie,** c'est-à-dire l'étude des organes, l'étude
des formes.

Cette science, aussi bien que les précédentes, expose des
milliers de faits qui, tous, témoignent en faveur de la
descendance, et on ne connaît aucune expérience morphologique qui lui soit *contraire* : de la masse énorme des
preuves de nature morphologique, nous n'en exposerons
ici que quelques-unes, prises dans le chapitre des organes
rudimentaires (atrophiés) :

Les singes anthropomorphes (orang, chimpanzé, gorille),
contrairement à d'autres genres simiens, ne possèdent pas
de queue apparente, mais cet organe n'en existe pas moins
chez eux à l'état atrophié (il en est identiquement de
même de l'homme, chez lequel on trouve, à l'état atrophié,
des indices de cet appendice).

On ne peut expliquer rationnellement ces circonstances autrement que par la descendance. Les organes atrophiés sont des outils devenus inutiles et hors d'usage, qui étaient tout à fait normaux et fonctionnels chez les ancêtres. Les organes, dès qu'ils ne sont plus d'aucun usage, s'atrophient toujours plus d'une génération à l'autre, jusqu'à disparaître enfin complètement. La présence d'une queue atrophiée chez les singes antropomorphes témoigne qu'ils descendent d'animaux qui en étaient pourvus. De même, les oiseaux actuellement vivants n'ont plus qu'un rudiment de queue composée de quelques os non apparents, tandis que leurs ancêtres en possédaient une, formée, comme celles des lézards, de nombreuses vertèbres bien développées. Ceci n'est pas une simple supposition, une pure hypothèse, car les débris fossiles d'oiseaux de l'époque jurassienne prouvent cette affirmation par des faits irréfutables, et très capables de résister aux hurlements des adversaires de la descendance.

L'homme possède, lui aussi, des organes atrophiés : des muscles rudimentaires destinés à mouvoir la peau de la tête, muscles qui étaient plus développés chez ses ancêtres animaux, comme c'est le cas pour plusieurs des singes actuels. Les canines de l'homme sont des organes atrophiés qui dépassaient plus ou moins les autres dents dans le type ancestral, auquel elles servaient d'instruments pour déchirer. Aujourd'hui encore, beaucoup d'individus ont l'habitude, lorsqu'ils sont dans un état colérique et rageur, de crisper, de relever de côté leur lèvre supérieure, ce qui découvre leurs dents (instruments pour déchirer) ; ce faisant, ils oublient que leurs canines ne sont plus guère susceptibles de mordre, ils oublient qu'ils révèlent la brute dans son vieux péché originel, quelque peine qu'ils se puissent donner pour se faire passer pour des apôtres chrétiens d'une religion d'amour. Il en est ainsi — on ne peut sortir de sa peau, malgré la dose d'animalité qui y est restée accrochée. Le revêtement de poils de notre tête humaine est ce qui reste d'une fourrure, maintenant atrophiée, qui existait normalement chez nos aïeux animaux. Nous colportons dans nos entrailles des organes atrophiés : l'appendice « iléo-cœcal » est un organe rudimentaire qui non seulement ne nous est d'aucune utilité, mais peut même, à l'occasion, nous faire périr, lorsqu'il nous arrive d'avaler des noyaux de cerises qui s'introduisent dans cet appendice vermiculaire. Chaque année, la saison des cerises nous prouve, par de nombreux décès, que le Créateur aurait eu une intention bien cruelle lorsqu'il annexa à notre cœcum cet « iléo cœcal », *utile* à d'autres animaux, chez lesquels il est normalement développé, tandis qu'il représente chez nous un organe dérisoire et offrant de tels périls.

Les serpents ont un côté des poumons atrophié, et l'autre normal. Chez les oiseaux, on ne trouve qu'un ovaire complètement développé, l'autre est atrophié. Il y a un grand nombre d'oiseaux chez lesquels les ailes se sont atrophiées et ne peuvent servir pour le vol (le casoar, l'autruche, le pingoin); dans d'autres cas, ce sont les pieds qui sont atrophiés. Il existe des animaux dont les yeux sont atrophiés; chez beaucoup d'insectes, ce sont les ailes. Chez beaucoup de parasites, presque tous les organes, sauf ceux de la reproduction, sont atrophiés. Il n'est pas un animal d'un organisme supérieur qui ne possède des organes atrophiés.

Dans le *règne végétal*, les *organes atrophiés sont*, à vrai dire, *innombrables*. Chez de certaines plantes, ce sont les racines, chez d'autres, la tige, et chez nombre de végétaux, ce sont les feuilles qui sont atrophiées; il y a des fleurs dont les pétales ou les étamines, d'autres dont l'ovaire ou le style, sont atrophiés. Tout professeur de botanique instruit trouvera, en été, mille occasions de faire étudier à ses élèves des organes atrophiés sur la plante vivante : et chacun de ces organes rudimentaires constitue une preuve de la vérité de la descendance. Quiconque tente de les

expliquer autrement, quiconque veut en rendre respon-
sable le plan créationniste d'une divinité, celui-là ne fait
rien autre que blasphémer, et il insulte à la sagesse d'un
soi-disant intelligent auteur de toutes choses; il est, en
effet, notoire que ces organes rudimentaires sont, au point
de vue de la doctrine utilitariste, de pures monstruosités,
qui persiflent la toute-sagesse d'un Créateur. Celui qui veut
faire endosser à un Dieu la responsabilité d'avoir créé de
tels organes, celui-là injurie cette suprême sagesse, et fait
un triste apôtre de sa foi. Que les fanatiques laissent donc
ces choses-là tranquilles, car la vérité n'entend pas la
raillerie. Une autre science est nommée la **Physiologie,**
c'est-à-dire l'étude de la fonction de chaque organe. Cette
science, elle encore, démontre par d'innombrables faits la
vérité de la descendance, et cela de telle façon que la
physiologie des deux règnes ne représente qu'une seule
chaîne de preuves, toutes en sa faveur, ainsi qu'on peut
le constater à chaque ligne d'un traité de physiologie.

Il en est tout à fait de même de la **Pathologie** — étude
des maladies — qui fournit de nombreux documents prou-
vant la parenté consanguine des animaux entre eux. L'espace limité dont je dispose dans ce livre me défend
d'aborder beaucoup de cas. Je ne donnerai donc ici que
quelques indications qui devraient inspirer à tout homme
de sérieuses réflexions : Hommes et singes sont atteints
des mêmes maladies, qui présentent, chez tous deux, exactement les mêmes symptômes. Les mêmes remèdes amènent
des résultats identiques dans les deux cas. L'alcool enivre
le singe aussi bien que l'homme; le « mal aux cheveux »
en est la suite, aussi bien pour l'un que pour l'autre.
L'étude des maladies contagieuses a subi une métamorphose complète dans les vingt dernières années, ensuite
des grandioses découvertes faites dans le domaine de la
microscopie botanique; elle rendra d'immenses services,
non-seulement aux amis de la science, mais aussi aux
grands-prêtres de l'ignorance, à ceux qui méprisent et

haïssent toute recherche scientifique. Cette science des maladies infectieuses fait une application directe de la parenté consanguine réelle qui existe entre les hommes et les animaux supérieurs, et l'utilise pour découvrir les causes des maladies, et la méthode curative à employer. Cette science prend des animaux pour sujet d'expériences destinées à apprendre comment une maladie se communique à l'homme dans des circonstances données, et comment on peut la dissiper (ou l'entraver. — Trad.). (Essais d'innoculation de Pasteur et cours d'expérimentation de nos Universités.) Nous aimerions bien savoir si l'un quelconque des nombreux et ignorants adversaires de la théorie de la descendance hésiterait à se décider, s'il était laissé libre de choisir entre les deux alternatives suivantes : ou être, par une maladie infectieuse, immédiatement rappelé dans le sein du père Abraham, ou bien consentir à se laisser inoculer, par un médecin cultivé scientifiquement — mais incrédule, — de la lymphe animale qui le guérira, quoique cette lymphe de salut soit le résultat de l'application pratique de l'idée de la descendance. Non certes, cet individu n'hésiterait pas, et sa réponse serait sûrement la suivante : « Pour l'instant, je préfère encore les secours du savant incrédule à la '' retraite dans le sein d'Abraham ''». Dans la vie pratique, c'est toujours ainsi que nous répondent par leurs actes les chevaliers de la foi.

La **Géographie des plantes et des animaux**, c'est-à-dire la propagation et la distribution des règnes végétal et animal à la surface de notre terre, confirme que le supérieur descend de l'inférieur.

Les résultats de la cadette de toutes les sciences, de la **Psychologie comparée** (étude des facultés de l'âme chez les animaux) présentent particulièrement un puissant intérêt. Cette science ne fait, en réalité, que de commencer; mais elle est déjà actuellement une mine très riche de preuves en faveur de la descendance. En comparant avec soin les propriétés animiques de l'être humain, et celles des animaux, on arrive à cette conclusion, que les soi-disantes forces spirituelles de l'homme ne sont pas d'une qualité essentiellement différente de celles de l'animal. Ce n'est que dans la dose, dans le degré d'évolution, que ces forces varient. C'est de ses ancêtres animaux que l'homme tient le principe de toutes ses facultés intellectuelles sans exception. Si quelques personnes tiennent à avoir à cet égard de plus amples renseignements, elles peuvent consulter *l'ouvrage de Ch. Darwin* sur *la Descendance de l'Homme.* Ainsi, nous avons vu : qu'il n'est pas une seule d'entre les sciences qui ne s'occupent du règne organique vivant ou mort; qu'il n'y pas un seul système biologique, qui n'aboutisse, par ses résultats, à fournir des preuves innombrables de la vérité de la théorie de la descendance. Ceci revient à affirmer que :

Toute la création vivante témoigne à l'unisson en faveur de cette unique vérité.

Ce n'est pas de notre faute, ce n'est pas un seul individu qui en est la cause, si c'est précisément à l'époque actuelle de l'histoire de l'humanité que la plus grande et féconde idée de notre siècle est sortie, cristallisée, du travail des esprits. Et, par la force des choses, cette idée devait arriver à maturité dès que les recherches des sciences naturelles eurent été, dans toutes les branches, poussées assez loin pour leur permettre *la conception* d'une seule loi générale. Les pensées humaines sont elles-mêmes soumises à des lois naturelles. Lorsqu'une *vérité triomphale* est mise en lumière par le travail de l'esprit, cette vérité est un produit de la nature. Nous n'avons rien à prêter à la nature — elle parle *elle-méme*, et, si les hommes se taisaient, les pierres se mettraient à crier!

III

Le Darwinisme dans son sens limité

L'ÉLEVAGE ARTIFICIEL ET L'ACTION DE LA SÉLECTION
NATURELLE DANS LA LUTTE POUR L'EXISTENCE

(Conférence du 22 février 1889.)

————

Nous avons maintenant reconnu que le naturaliste n'a plus le choix entre la foi en une création miraculeuse — et la conception scientifique de la vérité de la descendance, mais qu'il a dû devenir, sans restrictions et par la force des choses, un adepte de la théorie de l'évolution, et *chacun devra le devenir*, s'il travaille ardemment à l'étude d'une branche quelconque des sciences naturelles : il nous reste encore une tâche, c'est d'exposer de quel genre pouvaient bien être les facteurs au moyen desquels *Darwin* a aidé cette vérité à devenir triomphante ; c'est dans ce but que nous allons nous occuper du *Darwinisme dans son sens limité*, soit : *de la théorie de la sélection naturelle produite par la lutte pour l'existence.*

Je le répète une fois de plus, en l'accentuant : La théorie de la sélection naturelle dans la lutte pour l'existence peut être maintenue, ou tomber — cela n'a aucun rapport avec la destinée de la théorie de la descendance ; cette dernière reste, et demeurera toujours une révélation naturelle infaillible et une vérité mille fois prouvée.

Je ferai tout d'abord observer ici que le naturaliste ne peut, de nos jours, être assez borné pour jurer sur la théorie de la sélection naturelle comme sur un dogme, mais que nous serons, au contraire, toujours disposés à accepter *le mieux*, lorsque ce *mieux* aura, en soi, la puissance de déloger *le bon;* je me résume: *Nous attendons calmement qu'il surgisse de nouvelles hypothèses et théories,* et nous serons tout disposés à abandonner à son malheureux sort la théorie darwinienne de la sélection naturelle, aussitôt qu'une *conception* MEILLEURE, *plus sensée et plus conforme aux phénomènes de la nature* apparaîtra à l'horizon. Mais tel n'a pas été le cas jusqu'ici; certes, tous les moyens ont été bons pour s'efforcer de chasser la sélection naturelle de Darwin par une autre théorie, — mais, à l'heure actuelle, c'est encore la première qui, seule, résiste victorieusement à toutes ces tentatives.

Jusqu'à ce jour, ce système a eu l'avantage dans sa lutte pour l'existence contre les autres théories, et, dans ces conditions, cette thèse, *propre à Darwin*, mérite bien un examen un peu attentif.

Comme tout véritable naturaliste, Darwin ne prenait jamais comme point de départ que des faits *reconnus*, pour les comparer ensuite avec *d'autres* faits qui lui apparaissaient inexpliqués et énigmatiques.

Voyant les étonnants résultats atteints par l'élevage des plantes et des animaux, il tint à s'initier lui-même aux principes du jardinier éleveur ainsi qu'à la méthode de l'élevage rationnel des animaux. Il étudia en premier lieu comment l'homme s'y prend pour perfectionner, par la sélection *artificielle*, une espèce végétale ou animale. Darwin acquit, par cela même, une conception de la manière dont les choses se passent à l'état de liberté, dans la nature: La première idée d'un élevage *naturel* par la lutte pour l'existence naquit ainsi chez lui; par ces élevages à l'état d'entière liberté, de nouvelles races et de nouvelles variétés peuvent et doivent tout aussi bien se réaliser, que par

les soins et le choix du jardinier qui cultive et du proprié-
taire de bestiaux qui élève.

La théorie darwinienne de l'origine des espèces part de
ce fait, que tous les êtres vivants possèdent la faculté de
pouvoir plus ou moins *varier*, *changer*, dans quelques-uns
de leurs caractères. Chacun peut s'en persuader, pour peu
qu'il ait le sens ouvert et le don de l'observation. En effet,
qu'il nous arrive d'examiner attentivement une grande foule,
et nous ne trouverons pas deux individus identiques sur cent
mille personnes, car chaque individu diffère de tous les
autres par de certaines particularités. Ces particularités,
qui changent avec chaque personne, et par lesquelles un
homme se distingue d'un autre homme, une femme d'une
autre femme, un enfant d'un autre enfant, ont été nommées : LES CARACTÈRES INDIVIDUELS.

Dans chaque physionomie humaine, nous trouvons des
caractères individuels qui varient plus ou moins avec
chaque génération. On raconte que Napoléon Ier, lorsqu'il
avait, une seule fois, bien dévisagé chacun de ses soldats,
pouvait les reconnaître des années plus tard, malgré l'uni-
forme identique porté par des centaines de mille de ses
hommes.

On remarque aussi, chez les animaux, des caractères individuels par lesquels, par exemple, deux chevaux, deux
ânes, deux chiens, deux moineaux, deux abeilles, ou deux
fourmis se distinguent l'un de l'autre.

Malgré l'apparente identité de ses moutons, un berger
retrouve de suite celui qui s'est égaré et a été introduit
dans un autre troupeau. Tout garçon d'écurie est capable
de reconnaître, fût-ce entre des milliers de chevaux de
cavalerie, l'animal qui lui était confié : donc, chaque animal a ses caractères individuels. Il en est de même pour
les plantes ; on ne peut en trouver une seule qui soit absolument pareille à une autre, de même espèce ou de même
variété. Dans la plus vaste forêt de sapins, nous chercherions en vain deux individus qui soient absolument identi-

ques. Sur cent mille plantes de mousses de la même espèce, il n'en est pas une seule de parfaitement semblable à une autre.

Chacun de nous, lorsqu'il considère deux champs de céréales reconnaît, au premier coup d'œil, lequel contient du froment (Triticum vulgare), et lequel de l'épeautre (Triticum spelta).

Nous nommons *caractères spécifiques* ceux par lesquels le froment se distingue de l'épeautre, ceux qui sont communs à tous les individus d'une même sorte : ces caractères sont plus ou moins durables, plus ou moins invariables, et persistent, de génération en génération, à travers des centaines, ou même des milliers d'années. Mais, dans le champ de froment lui-même, parmi ces millions de tiges et d'épis, nous chercherions en vain deux tiges ou deux épis *absolument* identiques. Aussi bien dans le champ de froment que dans celui d'épeautre, aussi bien dans un champ d'avoine, chaque individu-plante se distingue de tous les autres par des particularités individuelles, très changeantes, qui sont soumises à des variations à chaque nouvelle génération.

Même dans un verre d'eau que troublent les centaines ou les milliers d'animalcules ou de plantes minuscules qui y vivent, le naturaliste cherchera vainement, aidé d'un microscope pourvu de puissantes lentilles, deux individus exactement pareils.

Nous pouvons donc avancer, sans courir le danger de nous écarter de la vérité, qu'il n'y a pas deux êtres parfaitement semblables parmi les plantes et animaux qui vivent actuellement; ce qui revient à dire que :

> *Tous les êtres, hommes, animaux et plantes, sont variables.*

Mais nous devons dire aussi que les divergences sont le plus souvent si petites qu'il faut avoir l'œil exercé pour les constater, et qu'une grande puissance de différenciation est nécessaire pour se rendre clairement compte de chaque particularité. Le petit enfant est persuadé, et soutient que tous les moutons se ressemblent à s'y méprendre, tandis que le berger trouvera cette affirmation ridicule.

Cette VARIABILITÉ des organismes, qu'aucun homme intelligent n'osera discuter, est *l'un* des faits sur lesquels est basée la théorie darwinienne dans son sens limité.

Un *second* fait est l'HÉRÉDITÉ des caractères individuels.

La sagesse du peuple l'a dit : « La pomme ne tombe pas loin de l'arbre », et aussi : « Tel père, tel fils ». Ce disant, le proverbe constate un fait qui acquiert, pour la théorie de la descendance, une importance incommensurable : c'est le phénomène par lequel les qualités et les caractères individuels des parents sont, très souvent, transmis à la postérité et hérités par elle.

Depuis plusieurs centaines d'années, les jardiniers et les agronomes tiennent compte de ce fait, lorsqu'ils élèvent des animaux et cultivent des plantes. Quand on a commencé à apprivoiser des animaux sauvages, l'on a accumulé, dans le cours de nombreuses générations et par la voie de l'hérédité, les légères variations de chaque individu. On a construit de nouvelles formes animales, des races et variétés, rien qu'en observant attentivement les plus minimes variations et en réservant aux soins de l'élevage, ou en les en écartant, — selon le but poursuivi — les animaux ainsi produits. C'est par cette méthode que, depuis le moment où l'on a commencé à élever des pigeons, de nouvelles races de pigeons ont pris naissance, et ces races sont si différentes de leur souche primitive, le biset des roches, qu'on pourrait les prendre pour de *nouvelles espèces*, ou même pour de *nouveaux genres*.

Les phénomènes de l'hérédité, qui, précisément de nos jours, sont devenus l'objet d'ardentes recherches, ont conduit à l'érection de lois fixes, nommées : LOIS DE L'HÉRÉDITÉ naturelle. Je n'aborderai ici que quelques-unes de ces lois, celles dont la connaissance est indispensable à la compréhension de la théorie darwinienne de la sélection :

La loi de l'hérédité CONSERVATRICE, ou qui ENTRETIENT, est l'expression du *premier* groupe principal des phénomènes de l'hérédité; par l'effet de cette loi, les caractères anciens, fixés dès longtemps et ayant traversé plusieurs générations, sont transmis aux descendants. C'est un fait général, dans les règnes végétal et animal, que les particularités qui ont été héritées pendant très longtemps par toute une série d'innombrables générations, seront toujours le plus sûrement transmises aux nouvelles générations. C'est ainsi que, depuis des milliers d'années, l'homme persiste à léguer et à transmettre à ses enfants : les doigts et les orteils aux mains et aux pieds, la marche verticale, l'absence de poils du corps, sauf à quelques rares places, les facultés de la pensée et de l'imagination, l'usage des outils, etc. — Depuis un temps aussi — et même plus — long, le renard lègue régulièrement à sa postérité : sa marche à quatre pattes, son museau pointu, sa queue bien fournie et son goût pour le pillage. Notre chêne lègue, de même, toujours de nouveau à ses descendants : le contour échancré de ses feuilles, son écorce noueuse, ses fruits en gobelet, d'une forme si spéciale, ainsi que la petitesse et le peu d'éclat de ses fleurs ; tout aussi sûrement, le perce-neige persiste à hériter de ses ancêtres son pied bulbeux, et sa nutante corolle, avec ses six pétales, ses six étamines, et l'ovaire qu'elles cachent.

. La loi de l'*hérédité* LATENTE (sommeillante ou enchaînée) caractérise un second groupe des phénomènes d'hérédité. Elle nous apprend qu'il est certains caractères des organismes paternels et maternels qui ne se transmettent pas directement à la génération qui suit, mais seulement aux petits-fils ou aux arrières-petits-fils. Ces caractères traversent, sans se développer, ou inaperçus (pour ainsi dire à l'état de sommeil, ou latent), une, deux, ou plusieurs générations, pour ne réapparaître dans leur entier développement

— en apparence subitement — que dans une génération plus éloignée. Ce fait arrive si régulièrement, chez diverses espèces de plantes ou d'animaux, qu'il est alors question de générations alternantes, desquelles on peut prédire l'ordre d'apparition ; par contre, ce cas ne se présente pas chez d'autres plantes et animaux, qui, eux, offrent fréquemment des exemples d'hérédité latente. On trouve aussi les mêmes phénomènes dans le genre humain : certaines facultés ou dispositions naturelles peuvent se transmettre pendant longtemps dans une famille, puis sembler disparaître dans une, quelquefois même dans deux ou trois générations ; puis, tout à coup, ces caractères, que l'on considérait comme perdus, reparaissent chez des petits-fils ou arrière-petits-fils qui recommencent à présenter des rapports avec leurs aïeux. Les talents musicaux se transmettent fréquemment des grands-pères ou grand'mères sur les petits-enfants, tandis que ces talents, qui paraissaient manquer aux parents directs, sommeillaient seulement chez eux, à l'état latent. On en peut dire tout autant de la disposition aux mathématiques ou du goût pour l'histoire naturelle expérimentale (le grand-père de Ch. Darwin était un naturaliste distingué, tandis que son père ne présentait rien de saillant, mais Ch. Darwin acquit par contre une bien plus grande célébrité que son grand-père Érasme). Les maladies de l'esprit sont également souvent transmises des grands-parents aux petits-fils, en restant chez les parents à l'état latent. Il en est ainsi de la prédisposition à la phtisie, à la scrofulose et à d'autres maladies. Le médecin, lorsqu'il entreprend le traitement d'un phtisique, s'informe, non seulement de l'état de santé des parents directs de son patient, mais aussi de ce qui a causé la mort des deux grands-pères et grand'mères, parce qu'il n'ignore pas la puissance néfaste de l'hérédité latente.

Il n'est pas rare que des caractères individuels de diverses sortes traversent *une très longue série de générations*, en restant à l'état latent, donc sommeillants, enchaînés, non perceptibles à l'extérieur ; on les croit pour toujours disparus, lorsque, tout à coup, ils se manifestent de nouveau occasionnellement, sans motifs connus, et viennent témoigner de l'aspect qu'ont présenté, à certaine époque, des ancêtres et des aïeux ensevelis dans un lointain passé : on nomme cette réapparition soudaine de caractères en apparence perdus et effacés des — *cas de retour*, ou *atavisme*.

Les innombrables cas de ces phénomènes de retour chez les plantes et chez les animaux comptent encore parmi les plus intéressantes preuves de la descendance. Souvent de tels phénomènes révèlent un degré d'organisation inférieure d'aïeux perdus dans le passé. Éclaircissons ce fait par quelques exemples :

Nos chevaux sont des solipèdes, c'est-à-dire qu'ils ne possèdent *qu'un seul* doigt au pied, particularité qui les distingue des ruminants (à deux sabots) et des animaux à plusieurs doigts et à peau épaisse. L'aïeul de la race chevaline possédait cinq doigts à chaque pied ; puis, peu à peu, au cours d'incalculables milliers d'années, des types à quatre, puis à trois furent engendrés par ces animaux à cinq doigts dans leur pays d'origine (Amérique du Nord). C'est de la souche à trois doigts que sortit, après plusieurs variations successives, le cheval solipède, tel que nous le connaissons aujourd'hui. On a retrouvé, en Amérique, les formes de transition fossilisées, et tout homme qui possède un cheval sait actuellement, pour peu qu'il soit instruit, qu'il monte un animal chez les ancêtres duquel chaque pied était primitivement muni de cinq doigts, puis de quatre, puis de trois, et que ce fut par un développement exagéré du doigt du milieu que son cheval, au lieu d'avoir trois doigts, est maintenant un solipède ; autrement dit : que les aïeux de nos chevaux n'ont jamais possédé deux doigts, ce qui prouve qu'ils ne descendent pas d'animaux à deux doigts, autrement dit, de ruminants. Or, accidentellement, des formes de retour réapparaissent encore de nos jours ; on voit des chevaux qui ont des doigts supplémentaires aux pieds, et ces derniers présentent alors exactement la même structure que les pieds des ancêtres de l'époque tertiaire, de l'époque à laquelle nos Alpes commençaient à émerger du sein de la mer, et à dessiner peu à peu leur contour définitif.

Il se présente aussi quelquefois dans le corps humain des phénomènes d'atavismes ; par exemple : les canines fortement prononcées, et faisant alors saillie sur le niveau des dents voisines, comme les instruments pour déchirer que possèdent plusieurs singes. L'apparition occasionnelle d'*hommes velus*, dont tout le corps est pourvu d'une épaisse fourrure, telle que celle qui dut recouvrir nos aïeux animaux, font de temps à autre grande sensation. — (On peut ici introduire une circonstance qui trouvait difficilement à se placer dans une conférence verbale : il y a souvent des cas de retours chez lesquels la queue, très visible dans tout embryon humain de trois à six semaines, ne se résorbe plus, mais continue à se développer jusqu'au moment de la naissance, et, toujours prospérant, finit par présenter, à l'extrémité inférieure de l'épine dorsale, un accessoire très apparent, le plus souvent pourvu de poils ; cet appendice ne saurait être autrement désigné que par la « piteuse » dénomination de l'organe qui, chez les singes caudifères n'exprime pas autre chose que le prolongement direct de la colonne vertébrale, projetée en dehors du bas du dos. — Consulter, sur ce sujet, la dissertation du Dr C. Klause ; Cosmos, tome X : « De la formation d'un appendice caudal chez l'homme. »

Les cas d'atavisme sont très fréquents chez les animaux et plantes soumis à l'élevage. On nomme, d'ordinaire, « dégénérescence » un rebroussement, vers leur souche moins appréciée, d'animaux et de plantes perfectionnés par la culture.

Chez les races de pigeons sauvages que l'on élève depuis plus de 2000 ans, et que l'on a reconnu dériver toutes d'une souche unique, il arrive que des caractères propres au type ancestral, et qui étaient restés pendant des siècles à l'état latent, réapparaissent accidentellement; telles sont, par exemple, les bandes ou raies foncées obliques sur les plumes de la queue et des ailes.

Il apparaît aussi assez souvent, sur le corps des chevaux et des ânes, des poils plus foncés et disposés en raies qui rappellent leurs ancêtres zébrés.

Dans le règne végétal, les exemples de cas de retour sont innombrables. Nous n'en citerons ici que quelques-uns : Chez diverses espèces de plantes, au lieu de fleurs androgynes, qui prédominent d'ailleurs chez les plantes florées supérieures — nous trouvons que les fleurs sont *unisexuées;* il y a des fleurs mâles, et des fleurs femelles ; telles sont : l'ortie, le chanvre, le maïs, la laîche (carex), le palmier, les fleurs amenthacées, et quelques espèces de fleurs bariolées, comme : une sorte d'œillet (lichnis diurna) et la valériane dioïque (valeriana dioïca). En observant attentivement ces espèces, il arrive fréquemment de découvrir qu'il existe dans les fleurs mâles, à côté des étamines régulièrement développées, des ovaires atrophiés et impuissants, et, dans les fleurs femelles, à côté d'un ovaire bien conditionné, des étamines atrophiées. Ces organes atrophiés prouveraient déjà, par leur seule présence, que ces plantes unisexuées proviennent d'ancêtres androgynes; or, il arrive même qu'il n'est pas rare de voir des fleurs androgynes s'y former au lieu d'unisexuées ; tous ces faits sont, en réalité, des phénomènes d'*atavisme*, des cas de *retour* à la forme souche.

Chez plusieurs fleurs colorées, les pétales sont irrégulièrement construits, et forment des lèvres « asymétriques ». Or, on rencontre, à l'occasion, des pieds de plantes qui produisent, au lieu des fleurs irrégulières, avec lèvres supérieures et inférieures, des fleurs très régulières chez lesquelles chaque pétale coloré est exactement aussi développé que les autres. On a observé de semblables conformations chez la gueule-de-loup jaune des champs (linaria vulgaris), chez quelques orchis ainsi que chez divers autres végétaux. La forme irrégulière de quelques individus-fleur retourne donc accidentellement à la forme régulière de leur plante-souche.

Mais les faits qui ont la plus grande importance sont ceux qui ressortent de l'hérédité PROGRESSIVE OU CONTINUE. Son action consiste en ce que : *des caractères individuels, soit des particularités et des propriétés récemment acquises, peuvent, eux aussi, être transmis aux descendants.*

Comme on le sait, la myopie peut atteindre un homme qui avait de bons yeux par une tension forte et prolongée des organes de la vue. J'appuierai ce fait par un exemple authentique : Un jeune garçon de 15 ans, doué d'yeux excellents, passa subitement des travaux des champs dans une école secondaire; là, les écoliers étaient absurdement surchargés de leçons et de tâches à domicile, et notre jeune homme, élève à vue normale, fut transformé, dans un temps très court, d'avril en septembre 1859, en un élève remarquablement myope. Je suis persuadé que ce vice organique est la conséquence d'une méthode scolaire criminelle; il est arrivé à être d'une fréquence effrayante — *acquisition* due à l'école. Or, il est également reconnu que la myopie non seulement s'acquiert, mais encore peut se *transmettre par hérédité.* Les parents et grands-parents de cet élève de 15 ans jouissaient, pendant toute leur vie, d'une vue normale : ses enfants seront myopes, et plus encore qu'il ne l'est, lui-même, devenu; car la méthode des écoles secondaires est, actuellement, presque partout la même qu'en 1859.

Il en est de même pour la prédisposition à la phtisie. Cet ange exterminateur de l'humanité moderne est, proprement dit, la maladie du prolétariat. Elle peut être *acquise* par tout individu soumis à un dur labeur et à une nutrition défectueuse, mais, de plus, elle peut être aussi *transmise*, le fait est prouvé. Il y a là un cri d'avertissement adressé aux législateurs et aux guides des nations, car cette funeste prédisposition augmente et s'accumule à un point tel, que des familles, des races entières, s'éteignent de la sorte.

Ensuite, on sait que l'expression de la physionomie, la taille du corps, la grosseur ou la maigreur, la beauté et la laideur, peuvent aussi se transmettre de génération en génération.

Les dispositions de l'esprit, les penchants, nouvellement acquis, moraux ou immoraux, se transmettent également. Les talents : musicaux dans la famille Bach ; mathématiques dans la famille Bernouilli ; linguistiques dans la famille Schlegel ; le goût de l'histoire naturelle, dans les familles De Candolle, Darwin, Saint-Hilaire ; de la peinture dans la famille Kaulbach ; de la littérature surabondante dans la famille Dumas : toutes ces dispositions ont été transmises pendant longtemps, et à un haut degré, d'une génération à l'autre.

Les maladies de l'esprit, qui ne sont, du reste, que l'expression de variations de la matière cérébrale, se transmettent facilement, et, souvent, hélas ! en suivant une progression effrayante.

L'hérédité n'est pas moindre pour des passions, telles que : l'irascibilité, l'ivrognerie, le jeu ; la disposition au mensonge, à l'extravagance, et tant d'autres. Les penchants à l'escroquerie, au vol, au brigandage et au meurtre, sont, certainement et en beaucoup de cas, héréditaires, tant et si bien que la meilleure éducation n'arrive guère à les corriger.

Nous pouvons donner ici un exemple éclatant de ce fait :

Un Français, Jean Chrétien, eut trois fils : Pierre, Thomas et Jean-Baptiste.

Le fils de *Pierre* fut condamné aux travaux forcés à perpétuité, pour vol et assassinat.

Thomas eut deux fils, savoir :

François qui fut condamné pour meurtre aux travaux forcés.

Martin, condamné à mort pour meurtre.

Un *fils de Martin* mourut à Cayenne, où il avait été exporté pour vol.

Jean-Baptiste eut un fils, — *Jean-François*, qui épousa la fille d'un incendiaire ; de cette union naquirent sept enfants :

Jean-François (junior) qui mourut en prison, où il fut mis pour vols réitérés.

Benoît, sans reproches jusqu'à sa mort, occasionnée par sa chute d'un toit.

F....., dit *Clain*, fut voleur de profession et mourut à 25 ans.

Marie-Reine mourut en prison, accusée de vol.

Marie-Rose expira également sous les verroux pour le même motif.

Victor était encore en prison pour vol en 1870 ; nous n'avons pu apprendre jusqu'ici s'il en est sorti vivant, et si, dans ce cas, il est devenu honnête.

Victorine, qui épousa un nommé Lemaire, devint mère d'un bandit qui fut condamné, pour vol et meurtre, à la peine capitale.

Nous pouvons donc constater ici que, d'entre les fils, petits-fils, et arrière-petits-fils d'un seul citoyen, il n'y eut pas moins de dix individus enclins à des penchants vicieux qui les conduisirent à leur perte, et ayant des imperfections morales héritées pendant trois à quatre générations.

Nul n'est plus intimement convaincu de l'*hérédité progressive* que l'éleveur, le jardinier et l'agriculteur ; seule, en effet, l'hérédité progressive (continue) rend possible le perfectionnement des espèces animales et végétales.

Parmi les animaux que l'on destine à faire race, les *meilleurs* ne diffèrent que très peu des *bons*, et, cependant, les premiers atteignent un prix de vente beaucoup plus élevé que les seconds. C'est ainsi que, par exemple, il arriva, dans l'hiver 1873-1874, qu'un taureau d'élevage de la race de la vallée de Simmen, ne fut pas vendu moins de 18,000 francs ! Celui qui consacre une somme pareille — dix fois la valeur courante — à l'acquisition d'une seule bête de race, celui-là ne saurait ignorer qu'il y a les plus grandes probabilités pour que les caractères individuels et récemment acquis de l'animal qu'il vient d'acheter, se transmettent à ses rejetons.

Et, en vérité, l'espoir de l'éleveur est rarement déçu.

Un cheval de course anglais, King Hérod, gagna, sur diverses pistes, une somme totale de 5 millions de francs, et n'engendra pas moins de 497 descendants qui, tous, furent vainqueurs des autres coureurs. De même, Eclipse, autre cheval de course, fut la souche de 334 vainqueurs.

Les faits que nous venons d'examiner nous amènent à :

L'ACTION ET LES RÉSULTATS DE LA SÉLECTION NATURELLE.

Quel procédé emploient le jardinier et l'éleveur pour arriver à de nouvelles variétés et à de nouvelles races? Il n'est pas donné à l'homme de rien changer d'essentiel à une plante ou à un animal isolés; pris à part, l'individu qu'il a devant lui est un produit de la nature qui n'est guère susceptible de variation. La violette sauvage, après que le jardinier l'a cherchée dans un champ et transplantée dans son jardin, conservera la forme que lui a donnée la nature. Le renard capturé dans la forêt par le chasseur, reste renard. Mais l'homme arrive, au cours de plusieurs, ou de beaucoup de générations, à produire, par un choix intelligent pendant l'ÉLE-VAGE, de *nouvelles races*, des *variétés non encore existantes*.

Par le fait, l'élevage rationnel est un art (lors même qu'il n'est pas précisément difficile à apprendre); c'est pourquoi il est question d'une sélection *artificielle*, exercée par le jardinier ou l'éleveur intelligent, qui a un projet et un but.

L'action de la sélection artificielle repose, en réalité, sur le procédé suivant : d'entre plusieurs animaux ou plantes de même espèce, l'éleveur trie quelques individus seulement, qui lui paraissent le mieux appropriés à un perfectionnement ultérieur. Il choisira les sujets qui se distinguent de tous leurs autres congénères par quelque déviation, plus ou moins importante. C'est ceux-là que le jardinier ou l'éleveur conserve *seuls* pour la reproduction, tandis que tous les autres individus sont *exclus de la multiplication*; dans la seconde génération ainsi obtenue, on fait un triage identique; on continue ainsi, en usant d'une attention minutieuse, sur les 3°, 4° et 5° générations, et sur toutes les suivantes, jusqu'à ce que la race ou la variété, perfectionnée, que l'on désire obtenir, soit plus ou moins sûrement fixée.

La seule formule magique à employer, pour l'obtention d'un résultat certain, consiste à n'utiliser *pour l'élevage que les meilleurs de tous les individus*, triés dans un nombre aussi considérable que possible d'animaux ou de plantes, tandis que l'on exclut de la reproduction tous les individus moins favorables au but poursuivi. L'élevage est donc un *choix du meilleur*, une *exclusion du moins bon*.

C'est en usant de ce procédé que les jardiniers et les agronomes ont réussi à obtenir des variétés de plantes : à gros ou à petits fruits, à écorce mince ou épaisse; à fruits doux ou amers, pauvres de jus ou très juteux, précoces ou tardifs; à fleurs grandes ou petites, velues ou nues ; à larges ou minces feuilles ; riches ou pauvres en fruits; à tiges hautes ou courbes; à racines frêles ou puissantes.

Une culture rationnelle a réalisé des quasi-miracles. Quelques exemples à l'appui : le professeur Hoffmann, de Giessen, cultivant la violette sauvage des champs, dont les fleurs n'ont que 6^{mm} de diamètre, en obtint, après un certain nombre de générations, une variété chez laquelle les fleurs avaient un diamètre de 24^{mm}, c'est-à-dire qu'elles étaient quatre fois plus grandes. Le poids des groseilles — qui sont spécialement appréciées en Angleterre — a été décuplé dans l'espace d'un siècle par une culture bien comprise. La rose d'Écosse a été doublée, et a produit, en neuf ou dix ans, huit bonnes variétés. Depuis que l'on cultive la betterave en France, la quantité de sucre y contenue a été doublée. La précocité de maturité des pois s'est accrue de 21 jours. De l'acide poire des bois et de la pomme sauvage, immangeable, on a obtenu, par la culture artificielle, quelques mille variétés de pommes et de poires bonnes pour la table ou pour le cidre.

L'*éleveur d'animaux* procède comme le jardinier : prenant une quantité d'individus d'une jeune génération, il trie constamment les plus beaux ou les plus utiles, pour élever ceux qui répondent le mieux à son intention, tandis que tous les autres sont exclus de la reproduction et écartés. Un exemple : En Saxe, les moutons destinés à l'élevage sont inspectés minutieusement par trois fois avant qu'on les laisse reproduire ; après le sevrage, on conserve, d'entre tous les jeunes agneaux, ceux-là seuls qui sont pourvus d'une laine qui, mesurée à la loupe, est trouvée la plus fine. Les individus le plus avantageusement dotés sous ce rapport, sont désignés par une marque qui permettra, au bout d'une année, de comparer une seconde fois, à la loupe, la finesse de leur toison. Lors de cette seconde épreuve, les meilleurs de tous les sujets sont de nouveau mis à part, pour être soumis à un troisième et dernier examen qui décide du choix définitif des animaux destinés à l'élevage ; tous les moutons qui ne sont pas pourvus le mieux possible sont soigneusement écartés. On a ainsi obtenu des moutons dont la laine est douze fois plus fine, plus mince, que celle des autres moutons.

C'est de cette façon que l'homme qui poursuit continuellement une fin voulue et met un but à ses efforts, transmet, au cours de multiples générations, et *accumule* toujours plus sûrement de légères variations.

Ainsi ont finalement résulté de GRANDES *différenciations*, qui deviennent, en fin de compte, si importantes, que l'on en arrive à se demander quel aspect pouvait bien avoir le type d'origine. Tel a été le cas, par exemple, pour les races de pigeons jusqu'à l'époque de Darwin. Lui seul, après qu'il eût personnellement élevé pendant plusieurs années les races de pigeons les plus diverses, est arrivé à prouver, d'une façon indubitable, que toutes les races de pigeons domestiques dérivent d'un type unique, tandis qu'avant lui beaucoup étaient d'avis que les diverses races de pigeons domestiques provenaient de plusieurs espèces sauvages.

La pesante rosse de tombereau aussi bien que le coureur anglais au pied léger, le petit poney, comme l'arabe avec sa fougueuse élégance, toutes les si diverses races de chevaux, en un mot, proviennent d'un même type-souche, et aucun doute ne subsiste sur ce fait, mais il y a bien des cas où l'on n'est pas certain si différentes races d'animaux d'autres classes proviennent chacune d'*une* espèce *unique*, ou si, par contre, elles descendent de *plusieurs* espèces sauvages; il en est ainsi, par exemple, pour les races de chiens et de bœufs.

Toutes les discussions qui s'élèvent sur de tels sujets prouvent simplement une chose, c'est que les variations subies par les plantes et les animaux ont conduit à des divergences réellement formidables. Et Darwin a raison lorsqu'il avance que l'homme est capable de produire, au moyen de la sélection artificielle, de véritables miracles, dès qu'une plante ou un animal a seulement une fois commencé à varier. Les éleveurs anglais ont poussé la chose si loin sous ce rapport, qu'ils s'engagent, par des paris considérables, à façonner de nouvelles races dans un but donné. Un connaisseur posa un jour en principe que, chez les porcs, les jambes sont les organes les moins aptes à recevoir des dépôts de graisse, et qu'il serait bon, pour ce motif, d'élever des races ayant des jambes aussi courtes que possible. Peu d'années après, les éleveurs présentaient de nouvelles races porcines chez lesquelles les jambes étaient tout au plus capables de supporter la charge de leur énorme corps couvert de graisse.

L'objet et le but de la sélection artificielle sont très multiples : en général, on arrive le plus sûrement au but cherché si l'on ne poursuit qu'*un seul* objet, et que l'on tente de perfectionner *une seule* particularité. Il est quasi-inimaginable de vouloir améliorer la race bovine en ce sens que les vaches arrivent à fournir une énorme quantité de lait, qu'elles soient, en même temps, aptes à un dur travail et qu'elles acquièrent un corps gras et vigoureux. On ne peut réunir *tout* dans *un* individu; souvent l'amélioration d'une race dans *une* direction *donnée* élimine toute amélioration dans *une autre* direction. De là, une juste conception de ces relations a conduit à la création de races totalement disparates et extrêmement opposées l'une à l'autre.

On a obtenu, par la sélection artificielle : des chiens hauts et bas sur jambes; des vaches bonnes et mauvaises laitières; des moutons à toison grossière et fine; des animaux domestiques, de diverses familles, à poils longs et courts, des pigeons au vol rapide (voyageurs), et des culbuteurs; ces derniers ont l'habitude de ne pas voler *au loin*, mais de monter sur place, presque directement en l'air, pour regagner la terre en culbutant. Il existe des races de pigeons très lourds, et d'autres très légers; le poids du corps du pigeon de la race la plus lourde équivaut à cinq fois le poids de la race la plus légère.

C'est ici le lieu d'attirer tout spécialement l'attention sur un fait; c'est que : *l'éleveur d'animaux ou de plantes atteint d'autant plus vite le but auquel il vise que le nombre est considérable des plantes ou des animaux dont il dispose pendant la sélection.* Cela va presque de soi-même. Plus l'assortiment est considérable, plus il y aura de probabilités pour que, sur cette quantité d'individus, quelques exemplaires puissent répondre au désir de l'éleveur, et lui sembler mériter d'être utilisés pour l'élevage. Les contrées stériles peuvent difficilement produire une race améliorée de moutons ou de bœufs. — A la question : « Comment donc arrivez-vous aussi rapidement à une race de chiens améliorée? » — Un éleveur renommé répondit : « J'élève beaucoup de chiens, et j'en pends beaucoup. » — Plus le processus du triage est intense, et plus vite aussi le but visé est atteint.

Nous arrivons maintenant à une question de la plus haute importance :

De nouvelles races et de nouvelles variétés se forment-elles à l'état de nature, — sans la participation de l'homme qui élève, trie avec intention et dans un but déterminé? — Darwin répond affirmativement à cette question, par sa théorie géniale de la sélection naturelle dans la lutte pour l'existence. Celle-ci ne repose que sur :

LA GRANDE PUISSANCE DE MULTIPLICATION DES ÊTRES VIVANTS.

On sait que chaque plante, chaque animal et chaque homme ne jouissent que d'une vie de courte durée. Puis l'organisme devient la proie de la mort : les atomes dont son corps était composé se séparent et se dispersent pour trouver ailleurs leur emploi dans l'économie de la nature, qui crée et détruit perpétuellement. Beaucoup de rêveurs déplorent la nécessité naturelle de la mort, sans réfléchir que nous tous, tant que nous sommes, qui vivons et respirons joyeusement à la lumière du soleil, nous ne serions pas là si la mort n'avait jamais existé. La mort est la fin de l'unité, mais elle est en même temps le grand bienfaiteur de l'entier. Sans la mort, pas de progrès, et le progrès, c'est la vie ; la mort de l'individu devient ainsi la condition de la vie générale.

A celui qui reconnaît en la nature une mère, il est impossible de craindre le trépas. Dans le cours de la nature, la vie n'est possible que par la mort. Lorsque le mouvement commence à ne plus se produire que machinalement dans la carcasse branlante de notre organisme ; lorsque l'aptitude à des variations ultérieures est bientôt éteinte ; lorsque nous commençons à croupir, nous avons déjà forfait au droit à l'existence. Les changements continuels des phénomènes du monde extérieur nous oppriment et nous assomment ; nous tombons en contradiction avec la vie toute-puissante, et saurons nous résigner sans regrets aux lois de la nature, lorsque nous en aurons une juste conception. La durée de notre existence est une portion de l'éternité du tout, et notre propre *être* n'est qu'une partie infiniment petite de l'univers, qui lui, *est* éternellement; de même que *ce dernier* ne peut s'anéantir, de même aussi notre vie, par rapport au tout, ne sera jamais perdue. Ce fait doit venir nous consoler lorsque les ombres de la mort se projetteront sur notre carrière :

> Fidèle à toi, mon âme, ô nature éternelle,
> Sait que, ce que je suis, tu me l'as accordé,
> Et me l'accorderas de toute éternité.
> Je ne veux ni ne puis dépasser ton action !
> Donc un jour avec toi, fais que je me confonde :
> Tu donnes à chacun sa part de paix profonde
> Et fais vivre le tout par la résurrection.

(BALTZER.)

La nature est vivante, puisqu'elle est le mouvement perpétuel. Les formes qu'elle crée sont de fugitives apparitions qui se chassent et se relayent mutuellement. Telle la pierre qui tombe obéit aux lois de la gravité; ainsi l'être et le disparaître ne sont que des phénomènes nécessaires aux lois de la nature. La naissance entraîne nécessairement avec elle la mort, et la mort, à son tour, contient la nécessité du vivre.

La nécessité de la naissance est exprimée, dans la nature vivante, par la puissance de propagation des organismes, puissance qui représente une source de formation si féconde que nous n'en avons pour la plupart qu'une bien faible idée.

Tous les organismes ont cela de commun, c'est qu'ils croissent, et que, lorsqu'ils ont acquis une certaine grosseur, ils se multiplient. Chez les êtres les plus inférieurs, la multiplication consiste en une bissection; en une division en deux parties de même valeur qui, chacune, continuent à se développer individuellement et se reproduisent de nouveau à leur tour par division. Il a été démontré que quelques bactéries, s'ils se trouvent placés dans un milieu liquide favorable, et dans des conditions de température convenables, doublent toutes les 20 minutes ; de telle sorte qu'un seul bactérie produisant, dans l'espace d'une heure, 8 individus, ses descendants auront atteint, à la fin de la seconde heure, le nombre de 64, à la fin de la quatrième, celui de 4096, de la huitième, 16 millions, et, à la fin de la seizième heure, le chiffre approximatif de 281 billions d'individus ! Les champignons de la maladie de la pomme de terre, de la fausse nielle des vignes et de la rouille du blé, se multiplient si rapidement que les récoltes de contrées entières peuvent être, dans l'espace de quelques semaines, complètement anéanties par le fait d'un seul pied infesté ! Mon assistant, le Dr Overton, faisant, dans l'été de 1888, des observations minutieuses sur le mode de reproduction du mignon petit végétal globulaire « Volvox minor », a calculé que chacun de ces organismes, qui sont assimilés par quelques naturalistes aux animaux, et par d'autres, au contraire, aux plantes, peut donner naissance, asexuellement, en 30 jours, à 60 millions d'individus.

Une seule feuille de l'aspidie mâle peut produire environ 14 millions de corps germinatifs de reproduction, de sorte qu'un pied vigoureux de cette fougère engendre, en un seul été, quelques centaines de millions de germes susceptibles de former autant de nouvelles plantes.

La fécondité des phanérogames (plantes à fleurs) n'est pas aussi excessive, et, cependant, le nombre des jeunes semences de chaque année dépasse de beaucoup ce que l'on pourrait supposer : c'est ainsi que, par exemple, un exemplaire moyen de jusquiame (Hyoscyamus niger) ne produit pas moins, chaque fois, de 10,000 graines mûres. L'expérience a démontré qu'un grand poirier peut porter 40 quintaux de poires mûres, dont on compte, en moyenne, 14 au kilog. D'après ce calcul, la quantité de fruits de cet arbre est environ de 28,000 ; chaque poire mûre pouvant contenir 10 pépins germinatifs, le nombre des germes reproductifs de ce genre d'arbre fruitier atteint un quart de million sur un seul arbre.

Et quelle infinité de semences livrent : un seul pied de chêne, un hêtre, un tilleul, un sapin, un aulne, un frêne, le genévrier, la dent-de-lion, le pavot des champs ou le chardon !

Où que nous regardions dans le règne végétal, nous constatons qu'il se forme mille fois, ou un million de fois plus de germes qu'il n'existe en général d'individus-plante vivants.

Et il en est identiquement de même dans le *règne animal*.

Plusieurs animalcules microscopiques multiplient avec une rapidité si fabuleuse, que la descendance d'un seul sujet peut arriver, en quelques jours, au chiffre de centaines de mille ou d'un million.

On a reconnu qu'*un seul* exemplaire de l'ascaride lombrical (ver intestinal fréquent chez les enfants) peut déposer plus de 60 millions d'œufs. La morue produit de 3 à 5 millions d'œufs propres à se développer. Une carpe femelle pond 200,000 œufs, et le hareng, 40,000. Les animaux d'une organisation plus élevée procréent considérablement moins d'œufs germinatifs : par exemple, l'autruche ne pond environ que de 12 à 20 œufs par an; mais si les jeunes de tous ces œufs pouvaient, sans obstacle, atteindre leur complet développement, et si la multiplication se poursuivait sans troubles, pendant quelques générations seulement, les autruches auraient bientôt fait de couvrir toute la terre.

Divers mammifères sont si féconds, qu'ils deviennent souvent, par suite de leur rapide propagation, de véritables fléaux. On connaît les calamités occasionnées, de temps à autres, par les mulots. Les lapins sont, eux aussi, si prolifiques, qu'un éleveur obtint, dans le cours d'une année, 800 à 1000 individus avec seulement 10 animaux reproducteurs. Ces animaux furent importés en Australie par des colonisateurs, et là mis en liberté; or ils s'y sont multipliés jusqu'à devenir une véritable plaie, à tel point que les autorités durent offrir des primes pour la destruction de ces animaux, et dépensèrent de ce fait, de 1883 à 1888, dans la seule province des Nouvelles Galles du Sud, plus de 18 millions de francs.

L'expérience nous apprend que le genre humain s'accroît *lentement*, plus lentement que cela n'arriverait dans des conditions favorables et si tous les hommes sains, adultes se mariaient — si beaucoup ne le font pas, c'est un indice de conditions sociales anormales et de la corruption des mœurs; — si, de chaque union naissaient, en moyenne, seulement quatre enfants bien portants, qui atteignissent l'âge adulte et se mariassent de nouveau, le genre humain, lui étant donnés des moyens de subsistance suffisants, doublerait tous les 25 ou 30 ans; il aurait donc quadruplé en 50 ans, et ainsi de suite. Que ce fait ne se produise pas, cela ne prouve nullement qu'il ne *pourrait* pas arriver, mais cela prouve simplement qu'il existe, en opposition à la multiplication du genre humain, des moments répressifs, des agents de perturbation, que nous n'avons pas à examiner ici.

Si nous résumons les résultats des considérations précédentes, il en ressort que :

La nature a pourvu tous les êtres vivants d'une telle faculté de reproduction que — lors même qu'une faible proportion des germes susceptibles de développement vient à bien — la terre entière fourmille de créatures.

Mais, de cette profusion dans la production de nouveaux germes résulte une dure nécessité de la nature, c'est :

LA LUTTE POUR L'EXISTENCE

« La lutte pour l'existence ! » Qui ne connaît cette locution si frappante?

Nous avons tous appris ce qu'elle signifie, et la plupart

d’entre nous l’ont déjà prononcé mille fois, — ce mot capital et douloureux de notre siècle.

Darwin l’a mis en vogue. — Beaucoup ne voulurent pas en reconnaître la vérité, et trouvèrent le mot malhabile, impropre, et sans portée ; — ceux qui pensent ainsi doivent avoir l’habitude de reposer sur un coussin de velours, et de très bien dîner chaque jour ; ils doivent avoir, comme des plantes de serre chaude, respiré une voluptueuse atmosphère, et rêvé, dans une douce oisiveté, aux splendeurs de l’existence ; mais, certainement aussi, ils ont mal observé, ils n’ont rien appris, et n’ont jamais réfléchi à rien — ces fortunés malheureux, qui nient la lutte pour la vie parce qu’ils n’y ont pas eux-mêmes passé. — Devons-nous les envier? — Jamais, et je dis : Béni soit cet élément stimulant de la vie de la nature et de l’homme! Bénie soit cette force toujours agissante, toujours excitante, qui nous travaille tous par la menace et par l’éperon, jusqu’à ce que chaque individu réalise tout ce qui lui est matériellement possible de réaliser, et qu’il participe ainsi au processus de l’évolution universelle ! — La lutte pour l’existence ! — Qui ne l’a pas connue par sa propre expérience n’est pas encore un homme, et, lors même qu’il serait sur un trône, il est plus à plaindre que le mendiant qui lui tend la main. *Vivre, c’est lutter*, et quiconque n’a pas à lutter — ne peut absolument pas avoir une juste notion de la vie.

La lutte pour l’existence est si multiple, et apparaît sous des formes si diverses, que de profondes réflexions sont en effet nécessaires pour la reconnaître partout. Où sa tragique violence est mise au jour de la façon la plus évidente, c’est lorsque deux combattants luttent corps à corps à conditions égales, ayant pour enjeu la vie et pour prix leur place au soleil; ou encore, lorsque deux sont aux prises pour occuper une place qu’un seul peut obtenir, pendant que l’autre sombre.

Dans des cas semblables, la lutte est généralement sanglante, et ne se termine que par le trépas du plus faible. En Amérique, deux champions égaux luttent depuis longtemps et aujourd'hui encore, pour avoir droit sur les territoires et les terrains de chasse qui étaient la propriété des Indiens, premiers occupants, mais que les blancs envahissent de plus en plus. On voit, là, Caïn l'agriculteur — l'homme blanc — massacrer son frère nomade, Abel — le Peau-rouge indien — qui vit de sa chasse et de son troupeau. Le christianisme de la « Peau-blanche » n'a pu faire que l' « homme civilisé » moderne s'élève à la hauteur morale réalisée par le patriarche Abraham disant à son frère Lot : « Si tu vas à gauche, j'irai à droite ; ou préfères-tu la droite ; je me retirerai à gauche. » (Genèse VIII, 9.)

Au temps de l'émigration des peuples, des nations entières s'égorgaient à tour de rôle dans le sanglant combat de la lutte pour la vie.

Dans un avenir prochain, la Barbarie asiatique et semi-asiatique provoquera à la lutte pour l'existence, par la force brutale, la civilisation raffinée de l'Occident ; dès lors, la force brutale et la supériorité numérique des uns se trouvant, sur le champ de bataille, en face de la puissance intellectuelle et de la savante stratégie des autres, il est à prévoir que l'humanité, affolée, assistera au plus formidable carnage que l'histoire du monde aura jamais connu. Nul ne peut aujourd'hui prédire si le rouleau asiatique écrasera triomphalement la civilisation européenne, ou s'il sera refoulé. Une chose est seule certaine, c'est que l'humanité est encore terriblement éloignée de penser et d'agir humainement.

De même que les peuples se mettent en pièces dans la lutte pour l'existence, de même aussi, dès l'origine de la vie terrestre, plantes et animaux combattent avec acharnement, espèces contre espèces, et races contre races.

C'est *silencieusement, sans éclat*, que s'accomplit, *dans le règne végétal, la lutte pour la vie*.

Partout où une place devient vacante dans la libre nature,

partout où une plante quelconque périt, là surgissent de
suite mille prétendants qui ne demandent qu'à envahir;
car la nature crée mille fois plus de germes viables qu'il
ne serait nécessaire pour couvrir le déchet qui résulte de
la disparition des plantes qui ont vécu. Considérez, au sein
de la forêt ensoleillée, le sapin centenaire élancé, qui,
chaque année, laisse tomber ses semences sur le sol. Beaucoup de ces graines germent déjà pendant la vie du grand
arbre patriarche; mais c'est seulement lorsque celui-ci
périt, soit qu'il soit frappé par la foudre, arraché par un
fougueux ouragan ou sapé par la hache de l'homme; c'est
seulement alors que périt l'arbre qui le mit au jour, que
l'un des rejetons peut aspirer à atteindre la même majesté.
Mais il y a là des centaines de ces rejetons qui, voulant
conquérir cette unique place devenue vacante, luttent pour
leur existence, soit entre eux, soit en concurrence rivale
avec d'autres espèces végétales.

Lequel, des mille prétendants, remportera la victoire?
— Chaque écolier nous répondra : « Certainement, ce ne
sera pas le plus faible, mais bien plutôt celui " qui aura le
plus de vigueur, et sera placé le plus favorablement ". » —
Au début, quantités de jeunes pousses aspirent à remplacer
le colosse; puis, chaque année, plusieurs des combattants
succombent sur place — naturellement les plus débiles.
Peu à peu, le nombre des concurrents s'amoindrit, mais la
sévère rigueur de la lutte pour la vie continuera, persé-
vérante et entravante, jusqu'à ce qu'un seul subsiste, après
avoir vaincu tous ses rivaux.

Dans la muette forêt ombragée, où l'haleine de la vie
peut faire à peine tremblotter la feuille de l'arbre, où la
nature semble, dans une paix paradisiaque, créer en rêvant
et rêver en créant — tandis que les ardents rayons du
soleil rasent les champs découverts, — au sein de la forêt
paisible dans son repos dominical, des millions de plantes
et de germes, aspirant à la vie, s'éteignent à chaque
minute par la lutte pour l'existence. Les plantes com-

battent pour conquérir le sol, en allongeant leurs racines ;
elles combattent pour la possession de l'eau contenue dans
la terre ; elles combattent... pour l'air et la lumière — et
tout observateur attentif remarque partout, dans le tranquille domaine du monde végétal, la production de phénomènes innombrables qui sont l'expression d'une rigou-
reuse lutte pour la vie, lutte qui, partout corrige, partout
trie, partout exige l'application de toutes les forces, et un
développement continuel des dispositions utiles, lutte qui,
en tous lieux, détruit et améliore simultanément.

De même, dans le règne animal, la lutte pour la vie
n'est pas forcément toujours sanglante et bruyante, mais
elle n'est pas, pour cela, moins exterminatrice. La famine,
qui détruit des milliards d'animaux, n'est que le dernier
mot d'une forme spéciale de la lutte pour la vie. Des instincts heureux, une plus forte dose d'intelligence, ou toute
autre particularité favorable, d'un genre quelconque, peuvent garantir de la mort par la famine l'un ou l'autre
animal, tandis que des milliers de leurs concurrents en
périssent misérablement.

Or il résulte de ce fait même, qu'*une sélection se produit
dans la libre nature — sans aucune intervention ni prémé-
ditation d'un être pensant ou créant pour un motif ou dans
un but.*

Des innombrables concurrents pour la vie, c'est toujours le plus fort qui remporte la victoire, c'est-à-dire,
celui qui est le mieux constitué par rapport à une situation
donnée ; tous les faibles, tous les moins avantageusement
doués, succombent tôt ou tard : ils sont expurgés dans
l'inexorable lutte pour l'existence ; c'est là ce qui constitue

LA SÉLECTION NATURELLE.

Si nous rappelons ici que tous les êtres vivants varient
plus ou moins, et que ces légères variations sont très
fréquemment transmises, on comprendra sans peine que

de *nouvelles races* ou *variétés* puissent être, par une sélection naturelle, par un triage opéré inconsciemment par la nature, *aussi bien réalisées* que par la sélection artificielle.

Dans la lutte pour l'existence, la victoire dépend souvent d'une divergence microscopique. Mais ces différences, microscopiques au début, arrivent à former, en vertu de l'hérédité progressive, des totaux notables, des sommes importantes, qui s'accroissent au cours de plus nombreuses générations, jusqu'à constituer des caractères spécifiques que l'on nomme divergences de races, d'espèces et de classes.

Éclaircissons ce fait par un exemple choisi dans le règne animal :

Supposons le cas d'un certain nombre d'oiseaux de proie qui se nourrissent de petits mammifères et auraient été chassés d'une contrée dans une autre, où la nourriture qui leur est nécessaire n'existerait qu'à très petite dose, et ne consisterait qu'en de très petits animaux de prise, par exemple, les souris. Les oiseaux de proie forcés d'émigrer dans ce nouveau territoire de chasse, ont l'habitude de guetter leur proie en décrivant des cercles dans les airs; dès lors, il va de soi que, dans ce nouveau terrain, où le butin est plus petit que dans la patrie d'origine des émigrés, ceux de ces oiseaux de proie qui posséderont un regard plus perçant que leurs autres frères affamés, ont un avantage marqué sur leurs concurrents. A l'aide de leur vue supérieure, ils pourront réussir à trouver assez de butin pour se rassasier, pendant que ceux qui sont moins bien partagés sous le rapport des yeux, souffriront misérablement de la famine et périront sans laisser de descendance. Alors donc, les survivants qui, dans la lutte pour l'existence, auront dû leur victoire à une vue un peu plus pénétrante, — procréeront une nouvelle génération dans laquelle la proportion des jeunes doués d'une bonne vue sera plus forte que dans la génération précédente. De ces nouveaux individus, ceux qui auront les meilleurs yeux trouveront plus facilement que les autres une nourriture qui leur permettra de laisser des descendants plus vigoureux. La sélection naturelle continuant, dans les générations suivantes, à favoriser les meilleures vues au détriment des moins bonnes, amènera la création dans cette contrée d'une espèce d'oiseaux de proie à la vue perçante et l'ancien type aura été, par un triage naturel — donc sans l'intervention d'aucune puissance raisonnée — tranformé en une classe nouvelle; On dit de ces derniers qu'ils se sont *adaptés* aux nouvelles circonstances.

Dans le *règne végétal*, le naturaliste est frappé par des milliers d'exemples *d'adaptation* qui sont la suite de la sélection naturelle; il y voit que des variations excessivement légères ont aidé à la victoire dans la concurrence pour la vie. Je rappellerai ici les mille et mille exemples des rapports réciproques entre fleurs et insectes : des végétaux à floraison peu apparente ont acquis peu à peu des fleurs à brillantes couleurs, ou parfumées, parce qu'elles étaient d'autant plus sûrement visitées par des insectes (qui servaient de médiateurs pour la propagation du pollen et pour la fécondation par croisement), qu'elles avaient des fleurs à couleurs plus vives, qu'elles sécrétaient davantage de miel ou émettaient une odeur plus pénétrante. Les splendides nuances des fleurs ne sont donc nullement l'œuvre d'un créateur agissant avec but et motif, mais bien le produit d'un *choix réalisé dans la nature par la force des choses*.

On a écrit des volumes entiers sur les dispositions — que l'on pourrait qualifier de merveilleuses — acquises par les fleurs pour favoriser leur fécondation par voie étrangère, et sur la *sélection naturelle* mise en action, chez les plantes florées, par la lutte pour l'existence; chaque semaine apporte son contingent de nouvelles discussions sur des cas spéciaux d'adaptation et de rapports réciproques entre les plantes et les insectes. C'est *d'aujourd'hui* seulement que le botaniste est devenu capable de comprendre les relations amoureuses de chaque fleur, et d'en faire une utile application à la culture des plantes. Il résulte souvent aussi, inopinément, de ces études, d'autres découvertes qui peuvent avoir pour résultat une grande bénédiction matérielle. Nous introduirons un seul exemple de ce fait : Il a été prouvé expérimentalement que les arbres fruitiers (pommiers, poiriers, coignassiers) ont besoin, à l'époque de la floraison, non seulement de beau temps et de soleil, mais surtout de la visite des abeilles et des bourdons, pour qu'une abondante récolte de fruits soit en perspective. Lorsque, dans une contrée, les abeilles et les bourdons sont en trop petit nombre pour qu'ils puissent, dans un court espace de temps, visiter toutes les fleurs qui languissent en attendant leur venue, il y a, alors, moins de fruits que là où les abeilles et les bourdons sont suffisamment représentés. L'application utilitaire saute aux yeux : favoriser les ruchers dans les pays où beaucoup d'arbres fruitiers sont cultivés; non seulement on obtiendra, de ce fait, une riche récolte de miel, mais ce sera encore et *bien plus* l'intérêt du cultivateur d'arbres à fruits, car une seule abeille qui visite, au moment propice, les fleurs du pommier, est la cause active du développement de centaines de pommes là où pas un seul fruit n'aurait paru sans le travail intéressé de cette butineuse de miel.

Toutes les fleurs aux éclatantes couleurs furent lentement produites et façonnées par triage naturel dans la lutte pour l'existence. Des millions de plantes à fleurs qui ont péri sans laisser de descendance, ont donc été écartées parce qu'elles sont restées inférieures à d'autres plantes de leur espèce dans la concurrence pour l'attraction des insectes.

La sélection naturelle produit, cela va sans dire, les mêmes résultats au sein du *genre humain*.

Exemple : pendant 2000 ans, les Juifs ont eu à subir des mesures d'exception oppressives au premier chef; on les a dispersés dans tous les pays; on les a déclarés « heimatlos », et souvent privés de leurs droits civils; à l'occasion, on les a poursuivis jusqu'au sang, et on leur a rendu la vie amère — comme les chrétiens seuls savent, soit entre eux, soit envers autrui, la rendre amère. Et ceux auxquels incombe la responsabilité de ces persécutions n'ont nullement remarqué que, en agissant ainsi, ils donnaient eux-mêmes un puissant coup de main à la *Némésis d'une loi naturelle*.

Les oppresseurs et persécuteurs de la nation méprisée des Juifs sont, eux-mêmes, la cause de la supériorité intellectuelle qu'ils ont actuellement acquise sur toutes les autres races; car ces oppresseurs ont *aiguisé*, par leurs cruels procédés envers les enfants d'Israël, la sélection naturelle dans la pénible lutte pour l'existence. Dans ce dur combat, et par ces persécutions de tous genres, *quel fut l'effet produit parmi les descendants dispersés de Jacob? Ce fut que ceux qui étaient moins favorablement doués, les individus les plus naïfs, furent* EXPURGÉS, car il leur devint impossible, dans des circonstances aussi précaires, de prospérer et de laisser des descendants. Je ne connais, dans l'histoire de l'humanité, aucun exemple qui soit plus frappant que celui dont nous parlons, et qui soit plus propre à mettre en garde contre un système d'oppression appliqué à toute une classe de peuple. Quiconque examine les choses sans parti pris conviendra que la prééminence actuelle de la race juive est précisément ce qui devait arriver.

Un autre exemple vous démontrera l'influence de la sélection naturelle dans la différenciation des caractères *physiques*. Il est reconnu que, dans maintes contrées de la terre, et surtout dans les pays marécageux, diverses fièvres dévastatrices (fièvre jaune, fièvre intermittente, etc.) règnent et arrêtent la marche en avant de la race blanche. Néanmoins, des Européens blancs ont tenté de se coloniser dans plusieurs de ces pays. Des centaines de ces émigrants ont succombé aux fièvres, tandis que d'autres résistaient. Or, ces fièvres ont pour origine de petits champignons microscopiques qui, se répandant dans les airs lors du dessèchement des terrains marécageux, sont respirés accidentellement par les hommes, et s'introduisent dans le sang par la voie des poumons. Dans tous les cas où ces microbes trouvent, dans le sang humain, un terrain propre à leur nutrition et à leur propagation, l'individu envahi court le danger de devenir victime de la fièvre. Il a été

constaté que les races humaines noires et rouges semblent
être, beaucoup plus que la blanche, réfractaires à la contagion. Mais, parmi les blancs eux-mêmes, il en est qui
sont beaucoup moins aptes que d'autres à être atteints des
fièvres. Vous remarquerez que les microbes microscopiques
de ces fièvres, étant dispersés dans l'atmosphère, menacent
au même degré *tous* les humains habitant la contrée et
qui, tous, en absorbent une certaine quantité. Or qu'arrive-
t-il? C'est que, par le fait qu'ils tombent malades et meu-
rent, tous les hommes dont le sang est favorable à l'existence et à la propagation des microbes, tous ces hommes-là
sont *éliminés*, pendant que les autres — ceux dont le sang
présente des obstacles aux ravages de ces microscopiques
intrus — survivent dans ces contrées; ils prospèrent, se
multiplient, et transmettent à leur progéniture leur force
de résistance.

Nous sommes tous, et à chaque instant, soumis à l'in-
vasion de microscopiques bacilles qui se faufilent dans la
circulation de notre sang plus ou moins vigoureux. Beaucoup de ces petits organismes ont la propriété de se propager rapidement dans le sang des individus mal nourris,
et de les conduire à leur perte. Donc, les sujets chétifs de
notre race sont constamment menacés de mort. Le fait que
nous, qui sommes là, respirons, et jouissons encore aujourd'hui d'une bonne santé, ne prouve pas que nous
n'avons jamais absorbé de bacilles infectieux et nuisibles,
mais ce fait indique simplement que nous possédions une
force de résistance qui nous a permis de les subir tout en
demeurant sains et saufs. En un mot : notre constitution
corporelle est *adaptée* aux conditions ambiantes, tandis que
des milliers et des millions d'autres personnes, nées en
même temps que nous, et élevées à nos côtés, furent éli-
minées avant nous, parce qu'elles manquaient d'une exacte
adaptation.

En étudiant la sélection naturelle par la lutte pour
l'existence, nous arrivons à conclure que : *toutes les excel-*

lentes dispositions que nous admirons dans les plantes vivantes aussi bien que dans les animaux et hommes vivants, ne sont que des adaptations qui, au cours d'innombrables générations, sont le résultat de la variabilité des organismes, sous la toujours bienfaisante influence de la sélection naturelle.

La nature, qui a créé des milliers et des millions de différenciations diverses, a tâtonné des essais sur des millions et des milliards d'êtres vivants : mais la sélection naturelle n'a tenu compte que des modifications les plus avantageuses ; elle les a accumulées par hérédité, et les a si bien fixées à travers les séries de générations, que l'on en pourrait recevoir l'impression que les caractères produits ont existé de toute éternité.

Donc, tout ce qui, aujourd'hui, vit et rampe, vole et nage, est *le mieux de tout* ce qui a *pu* se réaliser dans les conditions données, *le mieux de tout* ce qui a *dû* se produire conformément aux lois de la nature.

Par la liberté dans la nature, le MEILLEUR *finit* par supplanter LE BON.

C'est là le pivot de la nouvelle conception du monde.

C'est là le foyer de la connaissance de la nature.

Mais là aussi se trouve la matière explosible qui réduira en un monceau de ruines tout l'édifice de l'ancienne conception du monde. Là est la condamnation à mort de la théorie surannée de la conformité à un but, de la théologie, d'après laquelle tout serait établi d'une façon sublime et sage parce que tout aurait été appelé à l'existence par une cause première, faite à l'image de l'homme, et créant avec motifs et dans un but.

Nous pouvons supprimer totalement cette vieille et enfantine théorie de la conformité au but ; nous *devons* y renoncer, car c'est dans la matière elle-même, perpétuellement en mouvement, que réside sa propre puissance d'être et d'agir, et nul être extra-naturel ne peut avoir puissance ni prétexte pour y porter la main. Toute chose existant aujourd'hui est exactement comme elle est parce qu'elle ne pouvait devenir autre; elle l'est par l'effet d'un naturel devenir, et non par la parole d'une volition divine; en effet, si ce dernier cas était vrai, la nature vivante toute entière devrait être bien plus parfaite encore qu'elle ne l'est actuellement. Au contraire, nous voyons quantité d'organismes constitués encore si défectueusement que leurs descendants devront continuer leur évolution vers le mieux, sous peine de disparaître de la scène du monde.

Le moteur de la sélection naturelle n'est donc nullement un être mystérieux, plein de secrets, doué d'une âme, pas plus qu'il n'est un être conscient, et créant avec but et motif. Ce moteur est plutôt un ensemble d'agents *naturels connaissables*.

Le naturaliste a le droit de dire, actuellement : Donnez-nous une petite masse de protoplasma vivant, une masse qui ne mérite pas même la qualification d' « animal » ou de « plante », mais qui possède la faculté de s'assimiler des substances extérieures, de croître, et de se diviser occasionnellement en deux parties qui se conduisent de même; donnez-nous une petite masse de protoplasma vivant, qui ne soit qu'un tant soit peu variable, et nous copierons toute la nature vivante[1].

Les adversaires de la théorie darwinienne répliquent : « Darwin explique bien, par la sélection naturelle, la pos- « sibilité que le parfait surgisse par une évolution du « moins parfait, du plus simple; mais Darwin n'explique « nulle part l'apparition du premier germe vivant. » — Très bien! — Or, nous prétendons qu'il n'est, encore aujourd'hui, aucunement prouvé qu'il soit, et qu'il sera toujours, impossible de fabriquer du protoplasma vivant avec une combinaison de matières « inertes ». Que l'on demande aux chimistes, aux physiciens, aux physiologues

---

1. Dans des pamphlets lancés contre cette brochure, de belliqueux soutiens de la foi se sont récriés d'importance à propos de ce paragraphe. — Là, ils font étalage d'une naïveté exemplaire. Mais il est souvent très avantageux de se faire passer pour plus bête qu'on ne l'est. Je laisse néanmoins tout l'article subsister, mot pour mot, dans cette traduction.

de notre temps si la science a des raisons pour désespérer de pouvoir un jour faire surgir de substances « mortes » du protoplasma vivant. En effet, nous sommes encore au seuil des connaissances naturelles, et soupçonnons à peine ce que le siècle prochain fournira à la science en fait de découvertes.

Nous arrivons au terme de notre exposé : jetons encore un rapide coup d'œil sur l'*avenir de notre humanité*.

Certes, l'évolution de notre famille a bien eu, elle aussi, pour principal agent la sélection naturelle par la lutte pour l'existence, qui a été le principe déterminant de l'avènement de l'homme lorsqu'il eut dépassé l'animalité de ses ancêtres.

On ne doit pas penser là à une sélection dans le sens d'avantages obtenus par une supériorité de la force corporelle, mais cette sélection a opéré un triage sous le rapport de l'évolution *intellectuelle* et *morale*. Les contemporains de l'homme primitif, alors qu'il était encore demi-brute, demi-Dieu, furent des animaux féroces, des monstres bien plus forts que lui, et il dut soutenir contre eux de terribles combats ; mais l'homme en vint à bout, grâce au développement toujours plus accentué de *la valeur de son intelligence*, de sa raison, de ses penchants sociaux et de ses vertus sociales. Le jour arriva où la violence et la force corporelle brutale durent toujours plus faire place à la supériorité de l'intelligence. L'égoïsme, — cette grande puissance motrice de la conservation de l'individu, l'amour de son soi-même — l'égoïsme devint de plus en plus bridé, et contenu dans de salutaires limites, par le penchant à la prospérité de plusieurs, à la conservation de la famille, puis de la race. *L'altruisme*, le souci du bien-être des autres, remplaça un *égoïsme* animal excessif.

Mais nous sommes aujourd'hui en plein milieu de l'évolution progressive du genre humain. La connaissance de notre passé nous doit donner la bonne direction pour l'avenir. Peu à peu, la lutte brutale pour la vie se transforme, toujours davantage, en une noble émulation qui favorise le développement ultérieur de la raison et des sentiments fraternels. Mais, là où c'est le contraire qui semble exister, là où la force brutale et la sauvage violence sont les agents impulsifs dominants, là — on peut constater une regrettable tendance à une *évolution à reculons*, à un *retour atavique* vers l'état de développement de nos ancêtres, lorsqu'ils étaient, bien plus que nous, rapprochés de nos aïeux animaux. Un tel état ne peut être que *passager* car :

> « *L'humanité*, toujours, *suit sa marche en avant,*
> « Même si son sentier est sinueux et courbe,
> « Même si l'on a cru, tout un siècle durant,
> « Qu'elle allait disparaître à jamais dans la tourbe :
> « Elle suit *le progrès* qui court *en l'entraînant !* »
>
> (Cte DE SCHAK.)

A côté de cela, n'oublions pas que, dans son entier, l'humanité ne peut jamais rétrograder d'une manière durable. Une certaine fraction, *un* peuple, *une* nation, pourront, pendant quelque temps, tout entiers croupir, ou même, comme un sabot, entraver la roue du progrès général ; mais l'ensemble conservera, malgré tout, une direction dans le sens de l'avancement, même si la roue doit, pour cela, broyer son sabot. Par le fait, le progrès commun, dans l'évolution, est toujours à l'avantage de *chaque individu*, quoique le contraire semble fréquemment arriver. C'est au moyen d'un vain sophisme, ou par manque de clarté intellectuelle, que d'aucuns prétendent : que le Darwinisme est la sanction d'une politique aristocratique, une glorification des privilèges d'état ou de classe, et que la théorie de la sélection par la lutte pour l'existence doit nécessairement conduire à la ratification d'une différenciation aristocratique au sein des nations progressistes. C'est précisément le contraire qui est vrai, et il se dégage du principe de la sélection naturelle, telle qu'elle a été établie par Darwin, des postulats d'une nature qui n'est rien moins qu'aristocratique. C'est ce que je veux démontrer ici :

Nul ne peut nier que tout le progrès scientifique et industriel de notre époque a pour unique base une activité cérébrale plus ou moins grande des plus intelligents et des plus inventifs. Or, ces esprits intelligents et inventifs, où se recrutent-ils ? — Ce n'est pas tant seulement dans les maisons et palais des minorités privilégiées, comme c'est, principalement, au sein du peuple travailleur, duquel la nature fait germer continuellement des talents nouveaux, pendant que, dans les régions supérieures, maints génies se consument dans une voluptueuse prospérité. De sages hommes d'État commencent déjà à remarquer que l'intellect des citoyens constitue le plus précieux trésor de l'Etat, et qu'il est de l'intérêt bien entendu de tous les corps administratifs d'amener à son complet développement, par l'éducation et l'instruction, tout talent éminent, qu'il surgisse de la mansarde du plus pauvre, ou de la villa du plus riche. Plus grand est le choix, plus rapide aussi est le progrès dans le sens de l'amélioration et du perfectionnement.

Quiconque a bien saisi ce fait — et il n'est vraiment pas bien difficile de concevoir une chose que tout jardinier expérimenté, tout éleveur rationnel, ont, dès l'antiquité la plus reculée, pris pour base de leurs efforts — quiconque a bien saisi ce fait ne pourra plus jamais avoir l'idée d'exiger que la majorité du peuple travailleur soit privée du droit de faire suivre des études à ses individus les plus capables, en alléguant qu'ils n'en ont pas « les moyens » ; quiconque a bien compris le grand principe de la sélection admettra de suite cette conclusion, c'est que : tous les soins, dans l'éducation et dans l'instruction, toutes les écoles, sans exception, tous les procédés éducatifs destinés à favoriser autant que possible les talents en germe — appartiennent *aux mieux doués par la nature* (et non aux plus favorisés par la naissance !), *du peuple*, DE TOUTES LES CLASSES DU PEUPLE, sans égard à la position ni au sexe.

Les commissions scolaires dirigeantes ont déjà parfaitement compris ce fait, — déjà du temps de Sieber, ce pédagogue génial, — lorsque, dans le canton de Zurich, elles ont voté de riches subsides destinés aux écoliers de talent, qui se trouvaient être pauvres ou indigents. En 1888, l'état de Zurich n'a pas payé moins de 29,000 francs de subsides pour les candidats à l'enseignement de l'école normale de Küssnacht. En toute vérité ce n'est pas là le fait d'une politique aristocratique, c'est simplement le principe de la sélection darwinienne, appliqué à l'économie nationale et démocratique de l'intellect du peuple ; c'est là un effet de la persuasion que le progrès est d'autant plus fécond et certain qu'est plus nombreux le contingent de ceux parmi lesquels se recrutent les travailleurs de l'esprit.

Il s'en faut de beaucoup que l'on ait atteint, dans ce sens, le « nec plus ultra » de ce qui doit être acquis en vue de la prospérité de tous. La plus grande partie des médecins et des juristes sortent exclusivement, aujourd'hui encore, des classes fortunées de la population, parce que les études nécessaires exigent un temps assez long et beaucoup d'argent. Le niveau intellectuel et la capacité scientifique du corps médical se trouveront subitement et fortement relevés, lorque tous les jeunes hommes les mieux doués de *tout* le peuple seront, par des soins officiels, mis en état de concourir dans *toutes* les branches de la science et du savoir.

C'est seulement alors que *tous* les enfants de la terre pourront, sans entraves, concourir, par leurs talents et par les dons de leur esprit, pour tout ce qu'il y a d'élevé, c'est seulement alors, nous en avons la conviction, que *tous les trésors* de la puissance intellectuelle produits par la nature trouveront leur juste application dans le sens d'un progrès comblé de bénédictions, progrès duquel, en fin de compte, tous profiteront infailliblement.

J'ai débuté par la question : « Moïse ou Darwin ? » —

Permettez-moi de mettre en regard, pour conclure, ces deux puissants agitateurs des esprits :

L'histoire mosaïque de la création, telle qu'on l'enseigne, actuellement encore, dans la plupart des écoles publiques de l'Europe, est la théorie de la désespérance : elle présente, à l'origine, une paire d'humains parfaits, exempts de toute tache, dont tous les descendants s'étiolent et dégénèrent par suite du péché originel. Cette théorie a contre elle la science toute entière !

La théorie de la descendance est, par contre, celle de l'évolution progressive, qui fait provenir le plus parfait du moins parfait. Cette théorie est *prouvée*, et il n'existe pas *un seul fait* reconnu qui la contredise. Elle est la *promesse d'un avenir meilleur ;* elle est la doctrine de l'*encouragement*, et possède une puissance *pédagogique* inestimable.

Ici, espérance et promesses !

Là découragement et désespérance !

Et, maintenant, choisissez vous-même !

I V

UN DERNIER MOT

Aux Adversaires et aux Partisans

DE LA THÉORIE DE LA DESCENDANCE

(Ajouté à la 3ᵉ édition allemande de cet ouvrage.)

> « Pour des âmes ici-bas subissant la vie,
> « Qui veulent soulager et aimer leur prochain
> « Concentrer leurs efforts, et se donner la main
> « Méprisant le sarcasme et l'amère ironie :
> « Voilà Dieu ! »
>
> Fr. Vischer.

Par une belle matinée, au soleil de l'été dernier (1888), j'entrepris, avec quelques amis qui partageaient mes idées, un pélerinage destiné à nous conduire du lac de Traun à la tombe de mon très honoré maître, Fr. Vischer, qui repose dans le cimetière de Gmunden. — Là, au-dessus des morts, les abeilles bourdonnaient affairées, les papillons balançaient, hésitants ; là, de tendres fleurettes vivantes, plantées par une main affectueuse, vacillaient, au souffle d'une précoce et tiède brise d'automne, sur le tertre funéraire de ce mort inoubliable, qui était resté, jusqu'au bout de sa carrière, un champion noble, vaillant et courageux, de la liberté de l'esprit et de la vérité ; et, tout autour de nous, les nombreux insignes de la mort semblaient nous vouloir parler dans leur langage mystérieux : c'étaient des croix, de mornes croix noires, symboles du martyre d'un profond penseur idéal, symboles aussi des grandes douleurs terrestres qui ne sont épargnées à aucun mortel. —

Alors, l'un de nous rappela les belles paroles de Vischer :
« Pour des âmes ici-bas subissant la vie, — Qui veulent
« soulager et aimer leur prochain : — Concentrer leurs
« efforts et se donner la main — Méprisant le sarcasme
« et l'amère ironie : Voilà Dieu ! »

Oui, il en est bien ainsi ! Combien il y en a, d'entre les
nombreux élèves et admirateurs de ce grand ami de l'es-
thétique et de la vérité, qui ont été édifiés par ces mots et
y ont puisé la vaillance nécessaire pour se comporter
courageusement dans de pénibles luttes — « méprisant
le sarcasme et l'amère ironie » ! — Ces quelques vers
ont un pouvoir vivifiant — et il m'a été donné d'en faire
une épreuve directe, lorsque, dernièrement, une si formidable clameur et de si violents hurlements se sont élevés
au sujet des conférences dont le lecteur a sous les yeux
la traduction d'une *troisième édition*.

Le *genre* de polémique, et *les fureurs* qui ont, dans la
presse, accueilli l'exposé de la question : « Moïse ou Darwin ? » me dégagent de toute obligation de rompre une lance
avec chacun de mes nombreux antagonistes. Plusieurs
d'entre les héros de ces soldats de la réaction, dédaignant
de s'en tenir à la réalité des faits, et à la vérité de ce qui
avait été avancé, ont préféré bombarder ces conférences
avec des mensonges de gros et de petit calibre, avec des
interpolations de toutes qualités, et en altérant ou en défi-
gurant ce que j'avais dit. Cette méthode de controverse ne
m'a nullement surpris; elle a tellement pris pied dans la
hâblerie et le manque de fond qui sont communs à la plupart des porte-parole de la presse politique conservatrice
et libérale, que nous semblerions par trop naïfs si ce fait
devait nous étonner. — Nous nous découvrons en face
d'honnêtes adversaires, mais engager une lutte avec *les
autres* serait indigne de nous. J'ai donc le droit de me res-
treindre, et d'adresser seulement, dans les lignes qui suivent, quelques franches explications spécialement destinées aux gens qui, par principe, partent d'une conception

du monde différente de la nôtre. D'entre ces derniers, un des plus respectables est l'auteur d'un article : « Coup d'œil sur le monde » (Gazette populaire de Nidwald). — Cet auteur est le prêtre *de Ah*, un catholique fervent, qui est en même temps un ami des écoles publiques, et a puissamment contribué au progrès du système éducatif des écoles du canton d'Unterwald. Cet auteur engage une polémique contre mes conférences, et, déjà à propos du titre : « Moïse ou Darwin? » s'exprime textuellement ainsi :

« D'ores et déjà, nous protestons contre cette comparaison qui
« représente Moïse comme un professeur jaloux, placé en regard de
« Darwin. Ce qui est exposé dans les livres de Moïse, au sujet de la
« création du monde et de l'homme, n'est pas l'invention d'un
« savant, *ce n'est pas l'enseignement de « Moïse »* — *c'est la Parole*
« *et la Révélation de Dieu lui même !* Nous ne permettons pas qu'il
« soit marchandé et rogné sur ce point; nous croyons et honorons
« dans les Saintes-Écritures la parole de Dieu; et, quand je dis *nous,*
« je n'entends pas seulement les chapelains traqueurs de l'ultra-
« montanisme, je n'entends pas seulement le Pape et les Évêques,
« mais je comprends dans ce *nous,* les Protestants aussi, les Angli-
« cans, les Juifs : en un mot, tout le monde civilisé (?). La critique
« des siècles a fini par faire, de cette croyance inébranlable, une mer
« incommensurable, une mer de foi et d'adoration, une mer telle
« que, de longtemps, les cuillers affamées de quelques savants
« incrédules ne pourront l'épuiser ! — Où irions-nous avec ces nou-
« veaux pères de l'Église : Darwin et Cie ? »

Ce que cet excellent « monsieur le Curé » dit, plus loin, de la lutte pour l'existence, est presque effroyablement touchant! En effet, si le darwinisme enseignait véritablement ce que monsieur le Curé *de Ah* lui prête faussement,..... je connais nombre d'hommes de cœur qui y renonceraient. Mais, il n'en est pas *ainsi !* Que notre contradicteur veuille bien examiner un jour *par lui-même* mes conférences, et juge *ensuite*. Je vais, en « toute bonne foi », lui en adresser un exemplaire[1].

---

1. Cela a été fait, mais monsieur le curé « de Ah » ne m'en a pas même remercié !

Si *monsieur le Curé de Ah* est un chaud partisan de la vérité — et tel doit être le cas, puisqu'il aime véritablement le peuple, — je le prierai d'ouvrir un jour, à l'occasion, et de bien vouloir, sans parti-pris, parcourir le splendide ouvrage de son collègue spirituel A. Wysard : « Une excursion dans l'Ancien Testament » (Zurich, C. Schmidt, éditeur, 1877). S'il persiste, après cela, à penser devoir s'indigner si fort parce que nous autres, darwinistes, ne croyons plus à la véracité de l'histoire mosaïque de la création, — alors... oh! alors : il est simplement inutile de songer désormais à le secourir dans sa désolation. Nous lui répondrons, tout bonnement : L'Eglise romaine a *dû* cependant *s'adapter* à la vérité de Copernic, et elle a *fini* par s'y adapter, quelque pénible que cela dût certainement lui avoir été ; en effet, n'oublions pas que l'Eglise romaine a brûlé vif le corps de Giordano Bruno, parce qu'il admettait cette vérité, et qu'elle a honte, aujourd'hui encore, de son erreur et de son crime. L'Eglise romaine *doit*, également, s'adapter à la verité de la descendance, et elle le *fera*, sous peine d'être, dans son égoïste entêtement, écrasée par les progrès de la civilisation et de la science. A nous *autres*, — et ce ne sont pas ici quelques-uns seulement, mais ces « autres » se comptent par centaine de mille — à nous, dis-je, il est, du reste, fort indifférent de savoir quelle position l'Eglise romaine jugera convenable de prendre vis-à-vis des résultats acquis par les sciences naturelles; car, quels que puissent être les anathèmes lancés par elle contre nous, nous continuerons à travailler dans nos laboratoires, et, au grand air, dans la nature vivante. N'avons-nous pas vu que toute la résistance opposée par l'Eglise fut incapable d'empêcher la découverte de l'Amérique? L'histoire nous apprend que le clergé espagnol déclara irréligieuses et hérétiques l'idée de la rotondité de la terre, et la prétention, émise par Colomb, d'en faire le tour. Lorsque celui-ci entreprit sa périlleuse excursion sur mer, dans le but de découvrir l'Amérique, le concile rassemblé à Salamanque, au lieu de lui donner sa bénédiction pour compagnon de route, lança à ses trousses le plus horripilant de ses anathèmes, et cela parce que les livres de Moïse, les psaumes, les évangiles, les épitres, et les écrits des pères de l'Eglise, en un mot, toute l'encyclopédie divine, témoignaient contre un dessein aussi téméraire. — Cet anathème a-t-il profité à l'Eglise? a-t-il été nuisible à la science? — Il n'a nullement empêché que l'Amérique soit découverte, et, aujourd'hui, en Suisse même, dans les charmantes vallées du magnifique pays d'Unterwald, on mange maintenant du pain américain! Vous le voyez, très honoré monsieur le Curé, l'Eglise *fait*, et *fera toujours fausse route*, lorsqu'elle croit qu'il y va de son intérêt bien entendu de discréditer la pensée humaine, le travail des voyageurs sérieux et la logique des observateurs ; en effet, la science *marche en avant, elle* ne croupit pas, mais *elle* se développe sans cesse et ne se reposera jamais, tant qu'il y aura des hommes sur la terre. La science est devenue la plus grande puissance terrestre, parce qu'elle seule conduit l'humanité à la conquête de la nature, parce qu'elle s'occupe de notre bonheur temporel sur la terre, et pas seulement dans l' « au-delà », dans « l'éternité ». L'Eglise n'a pas dédaigné de profiter elle-même des bienfaits déposés sur la grande table de la vie par des naturalistes taxés d'hérésie. On verra bientôt des lumières incandescentes électriques projeter leurs éblouissants rayons sur vos autels et dans vos lampes « éternelles ». Les HÉRÉTIQUES ont inventé le téléphone; ce furent des physiciens qui ont réduit en esclavage, au profit de l'humanité, ... l'électricité; des physiciens à la « Galilée » et à la « Volta »! — Hélas oui, il faut l'avouer, très estimé « monsieur le Curé », l'Eglise a très fréquemment péché contre la science et contre la sainte nature. Il est vraiment bien l'heure qu'elle se défasse de ses façons intraitables, et qu'elle se décide enfin à devenir plus tolérante. Aucun loyal catholique ne supportera désormais qu'un de ses semblables soit, pour cause de science ou d'incrédulité, torturé, rôti sur le gril, ou consumé sur le bûcher. Celui qui, à notre époque, serait encore capable de vociférer à la façon de quelques féroces porcs-épics ultramontains de la Suisse « orientale », et de quelques folioles locales de la Suisse « catholique », celui-là compromettrait à jamais sa dignité, et s'offrirait en holocauste aux justes sarcasmes de tous ses concitoyens honnêtes; car il plongerait par là dans un des étages *inférieurs* de l'évolution humaine, au temps où les débuts naissants de ce qui caractérise l'homme étaient encore en grande partie recouverts par la brute. Dans les cas de retour (atavisme), il n'y a point de salut à espérer : c'est la ruine; ce fait est démontré par tous les articles des éternelles lois de la nature, et je vous engage fortement, très honoré philanthrope, à le bien méditer ! *S'adapter... ou s'éteindre*, telle est la seule alternative pour toute institution humaine !

Je suis loin d'ignorer qu'il existe, dans le clergé catholique romain, des esprits éclairés, je dirais presque des libre-penseurs, qui ne restent pas englués à la lettre morte de la tradition, mais ont saisi l'esprit du temps et le progrès d'ensemble de la pensée humaine. Mais quantité d'entre ceux-là ne possèdent pas le courage nécessaire pour dire ce dont ils sont convaincus dans leur for intérieur, parce qu'ils estiment qu'une foi aveugle est justement ce qu'il faut, ce qui est suffisant, pour le « menu peuple. » Ces personnes placent trop peu de confiance dans la puissance de conception et dans l'assiette morale du « vulgaire », et, comme Virschow, ils raisonnent à peu près ainsi : « Les « vérités scientifiques ! — c'est bon pour les savants, pour « les gens cultivés — mais la foi et l'ignorance... c'est bon « pour le peuple ! » — C'est là un mauvais petit calcul; en effet ce « peuple » est non-seulement plus intelligent, il est beaucoup meilleur que ces Messieurs ne le supposent. Et, ce « peuple » finira par s'instruire, malgré tout, même quand tous les professeurs du monde dédaigneraient d'élucider une grave question quelconque devant une assemblée de « prolétaires ». Mais, lorsque ce peuple sensé se sera aperçu que l'on ne cesse toujours pas de lui faire digérer des cailloux, et que l'on entend continuer à le maintenir dans les lisières de la foi et de l'ignorance : il tournera simplement le dos au prêtre. Et ce sera bien fait, et très naturel, car le travailleur, tout aussi bien que celui qui ne travaille pas, peut prétendre à la vérité — il y a même plus de droits, parce que la vérité scientifique est le produit du travail de l'esprit humain.

Ce que je viens de dire, tout en paraissant adressé exclusivement à l'estimable curé *de Ah*, est également destiné à beaucoup d'autres personnages de sa profession, et maints soutiens de la foi protestante, maints comités d'églises, luthérienne ou autres, peuvent le prendre pour eux ; en effet, il ne peut plus être question de nous sortir, tout bonnement par quelques fortes et pieuses maximes, de la brûlante question scolaire telle que, à la lumière de la discussion publique, je l'ai soulevée dans ces conférences. Le Dr *Eberhard Dennert* lui-même, professeur à l'école normale *évangélique* de Godesberg-sur-Rhur, qui, le 9 octobre de l'année dernière, a donné, à Essen-sur-Rhur, à l'occasion de la 11e assemblée générale de « l'Union pour le maintien des écoles populaires évangéliques », une conférence de controverse contre le présent ouvrage, — le Dr *Dennert* lui-même sera impuissant à faire davantage reculer la victoire de la descendance. L'enseignement évolutionniste est à jamais établi dans le monde ; et ce champion de la foi se rend simplement ridicule, lorsque, terminant sa conférence émaillée d'inexactitudes, il s'écrie emphathiquement :

« Moïse ou Darwin ? à cette question de Dodel, je réponds :
« Ni l'un, ni l'autre ; mais bien le *Dieu vivant, créateur des cieux
« et de la terre !* »

Or, *cela* est-il une réponse à la question : l'enseignement de la miraculeuse création biblique, reconnue dès longtemps sans valeur, doit-il continuer à être donné dans les écoles publiques officielles, ou est-ce plutôt la théorie scientifiquement prouvée de l'évolution qui doit y être enseignée? — Car c'est bien là le sens de ma polémique; — M. le Dr *Dennert* n'accomplit pas une action tout à fait loyale, lorsqu'il vient nous dire que ni Moïse, ni Darwin, ne doivent être enseignés à l'école, mais « le Dieu vivant, créateur des cieux et de la terre ». — Ce « Dieu vivant » n'est-il donc pas toujours le Jéhova-Elohim de Moïse, le chef des Juifs? — Certes!! — Donc, de nouveau « Moïse » ! — Surtout, je vous en prie, monsieur le Docteur, pas de tours de passe-passe!

De tous les adversaires de la théorie de la descendance qui se mirent en position au sujet de mes conférences sur « Moïse ou Darwin? », ce sont les cagots protestants qui furent les plus grotesques. Un flux d'insultes de tous genres monta jusqu'à moi : de petits compromis, de lâches lettres anonymes, des épigrammes et articles de journaux pleins d'un venin rageur et d'une hâblerie insensée, tout cela se précipitait sur moi, à flots pressés, émanant de tous les districts de la patrie bien-aimée, et tout spécialement du canton de Berne, si riche en fanatiques. Il n'est plus un seul quadrupède dont le qualificatif n'ait été bientôt jeté à la face du plus misérable d'entre les misérables. — Cela m'a remis en mémoire la fête de Pentecôte, et je demande : Est-ce l'esprit de Dieu auréolant vos têtes qui fait surgir de votre cerveau des idées semblables à celles rédigés par Howald, *professeur à l'école normale*, et publiées dans la *feuille des écoles* chrétiennes, *organe de l'union des écoles évangéliques de la Suisse?* — Voici un échantillon de ce « doux nectar » :

« Si les adorateurs et les perroquets de l'hypothèse matérialiste de
« la descendance Darwin-Hæckeliste conservaient en silence leurs
« absurdités pour eux, nous nous dirions : Qu'y faire? — il faut lais-
« ser aussi à d'*autres* maniaques leur *idée fixe* (*sic !*); qu'ils fassent

« remonter leur origine à un dogue ou à un matou, à un cochon ou à
« un singe, ou bien qu'ils la fassent vautrer dans son limon primitif,
« cela les regarde personnellement. » (Opus cit. p. 58. 1889.)

L'auteur très chrétien de cette production pleine de
goût, mais assez pauvre de style, se réserve donc une
place (cela ressort du texte de ses saintes paroles), dans
les rangs « des maniaques » possédés par « une idée fixe ».
Je félicite ce professeur séminariste de se connaître aussi
exactement lui-même, et veux l'en remercier ici par la
communication des faits — très importants — qui suivent.

1. Les « feuilles des écoles chrétiennes » s'intitulent :
   « Organe de l'union des écoles évangéliques de la
   Suisse », desquelles, sans contredit, les professeurs
   du « séminaire évangélique » de la rue Basse, à
   Zurich, font également partie ;

2. Dans ce « séminaire évangélique » de la rue Basse,
   un excellent naturaliste a, depuis quinze années,
   rempli, jusqu'à ce jour, les fonctions de professeur
   des sciences naturelles ; ce dernier est notoirement
   convaincu de la vérité de la théorie de la descendance, et n'en fait un secret ni à ses élèves, ni à ses
   collègues[1] ;

3. Le pieux directeur de l'école normale évangélique
   sait que le susdit professeur des sciences naturelles
   est convaincu de la vérité de la théorie de la descendance ; malgré cela, il lui a abandonné cet enseignement, d'une si haute importance.

Qu'avez-vous donc à répliquer à *cela*, vous autres fanatiques des *feuilles des écoles chrétiennes ?* Eh quoi ! il y a

1. Le prof. Dr Asper, dont nous parlons, mourut le 23 juin 1889, donc
un certain temps *après* la publication de mes conférences. Or, le pieux
Dr G. Beck prétend, dans son « Anti-Dodel », que je fais, par cette phrase
(demeurée intacte dans les trois éditions), témoigner *feu* Asper « dans sa
tombe ». Mais mon collègue Asper vivait encore lorsque j'écrivis cette
phrase, et — Beck le savait ! — Monsieur le docteur, malheur à qui souille
sa bouche d'un mensonge !

des Darwinistes parmi les vôtres, et vous vous démenez comme des possédés contre le Darwinisme ! — Ne pratiquez-vous pas deux sortes de tenue de livres ? — Une tenue de livres simple, pour les « enfants de ce monde », dans laquelle le « Crédit » de la foi est mis en regard du « Débit » de la science, et une tenue de livres en partie double, pour vous, les « saints personnages », dans laquelle vous portez, suivant les circonstances, un seul et même objet, tantôt au Débit, tantôt au Crédit ! Croyez-vous avoir le droit de juger autrui et de le condamner à mort, tandis que vous-même nagez dans « l'iniquité » ? Votre jeu est déloyal : nous lisons dans vos cartes, et en faisons aussi peu de cas que de ce qu'affichent, partout ailleurs, l'hypocrisie et la fausseté.

Donc nous trouvons chez les évangélistes comme dans l'école, une même pratique : En HAUT *la vérité,* EN BAS *l'erreur !* — Que quelqu'un ose donc maintenant nous avancer que le moment n'est pas bien choisi pour mettre des faits pareils en lumière, à la face du monde entier, à la face de tous les amis de l'harmonie dans les doctrines.

Les dernières lignes que vous venez de lire ont amené un grand malaise dans le camp des « Evangélistes. » C'est en battant les buissons qu'on fait lever le gibier. — C'est ce qui est arrivé *dans le cas présent :* Il parut, entre la 2e et la 3e édition de ce livre, deux écrits polémiques, indépendants l'un de l'autre, — partis du camp des « Evangélistes » et dirigés contre moi; l'un parut sous le titre : *Anti-Dodel,* et a été élaboré par le Dr *G. Beck,* professeur de sciences naturelles au Gymnase de Berne; l'autre opuscule, intitulé : *Moïse ou Darwin* « réplique à l'ouvrage ainsi nommé par Dodel », était dû à la plume du Dr *Eberhard Dennert,* professeur à l'Institut pédagogique de Godesberg-sur-Rhin et fut édité à Berlin (Pasteur D. Fr. Zillessen, éditeur). Ces deux pamphlets avaient eu un modeste avant-coureur dans une brochure intitulée : « Le principe fondamental de la théorie darwinienne de la descendance, » par *Jos. Diebolder,* professeur d'histoire naturelle à l'école catholique de Saint-Gall. — Si ce dernier écrit n'a pas joui, dans l'espace d'une année, d'*une seule* marque d'approbation réconfortante, s'il n'a pas été capable d'amener l'âme d'un seul lecteur à un joyeux enthousiasme, — les

deux pamphlets mentionnés plus haut ont, moins encore, été capables
de convaincre qui que ce fût de la fausseté de la descendance pour
le reconduire aux dogmes de foi de la communauté évangélique. —
Diebolder fut assez naïf pour reconnaître : « Que cette discussion (la
sienne) n'apportait aucun nouveau point de vue, » — de sorte que
le lecteur savait parfaitement, dès le début, qu'il ne lui serait servi
dans cette brochure, en fait de primeurs, qu'un salmigondis d'objec-
tions surannées et inutiles, publiées dès longtemps et restées sans
résultat contre la théorie de la descendance. L'insuccès de librairie
— et d'éthique — de la compilation de Diebolder fut par là assuré.

Pour ce qui concerne le pamphlet du Dr Beck, l' « Anti-Dodel »,
cette polémique, si fort estimée par les piétistes Suisses, se trouve
être la plus faible de toutes celles parues jusqu'ici. Au point de vue
scientifique, elle présente une valeur bien inférieure au travail de
compilation de Diebolder, et, au point de vue du style, cet écrit est
l'œuvre d'un manant par l'absence de bon ton et de dignité : l'auteur
jongle avec les épithètes de « gueule, stupide, imbécile », et — comme
la baronne Betséra, dont monsieur le docteur a certainement lu les
mémoires — il fait grand cas d'expressions telles que : « filouterie,
mercenaire, loups » — ainsi que « flibustiers » et autres galanteries.
— Or, je prétends que c'est là l'œuvre d'un grossier manant, si bien
qu'aucun homme convenable, fût-il habitué au pugilat « en bras de
chemise », ne doit faire le moindre cas d'un adversaire aussi mal
élevé. Cela me dispense de toute obligation de m'allonger sur ce
sujet. Je veux seulement relever quelques impostures patentes contenues dans le « mixtum compositum » de la brochure, qui voudrait
être scientifique, du Dr Beck : Nouveau chevalier de Saint-Georges
de la foi à la Bible mosaïque, M. le Dr Beck se précipite dans le
harnachement d'un cheval de bataille, et lutte comme un enragé, à
l'aide de l'avocasserie et des sophismes, contre la théorie de la descendance. Il accomplit la tâche qui lui avait été confiée par les piétistes. Donc, IL VEUT SAUVER MOÏSE ! — Et maintenant, écoutons et
admirons : Suivant l'exemple de quelques autres de ces habiles esca-
moteurs, notre docteur tente de donner à Moïse le cachet d'un prophète (prophétie à reculons) de la théorie de l'évolution (soit descendance) ! — MOÏSE, UN DARWINISTE, dans son sens le plus étendu ! —
Je vous en prie, monsieur le docteur, n'avez-vous pas étrangement
fourvoyé ceux qui vous ont fait endosser leur responsabilité ? —
MOÏSE, UN DARWINISTE ! — C'est du dernier comique; c'est presque
burlesque ! — Mais on peut lire tout cela dans le pamphlet du
Dr Beck, pages 15 et 16, où cet INFIDÈLE zélateur de la foi se laisse
entraîner aux concessions suivantes :

« Je n'hésite pas un instant à avouer que la théorie du développe-

« *ment de la nature actuelle qui place, à l'origine, des organismes*
« *excessivement simples, est aussi* MON ENTIÈRE CONVICTION, *et que je*
« paie, *à cet égard, un tribut d'admiration illimité aux travaux*
« *grandioses de Darwin !* Mais, bien plus qu'à l'œuvre de Darwin,
« cette admiration se rapporte à l'antique, au vénérable RÉCIT DE
« MOÏSE, qui, écrit à une époque où toutes les sciences naturelles
« étaient encore dans les langes, contient déjà, ESQUISSÉES A GRANDS
« TRAITS, LES PRINCIPALES DONNÉES DE L'ÉVOLUTION DE LA NATURE TELLE
« QU'ON LA CONNAIT ACTUELLEMENT. »

On va donc maintenant jusqu'à prétendre que Moïse fût l'inventeur ou le prophète de la théorie de la descendance ! — Monsieur le docteur, je ne vous citerai que deux versets de l'Evangile selon Saint-Luc (Ch. XXII, v. 60-61), afin que vous en puissiez faire une application directe à votre mémoire : « Et Pierre dit : O homme, je ne sais ce que
« tu dis. Et, au même instant, comme il parlait encore, le coq chanta.
« — *Le Seigneur, s'étant retourné, regarda Pierre;* et Pierre se res-
« souvint de la parole du Seigneur, et comment il lui avait dit : Avant
« que le coq ne chante, tu me renieras trois fois. »

C'est donc là maintenant votre stratégie ? Parce que vous, bons croyants, ne pouvez plus faire rentrer sous terre la théorie de la descendance, et voulez cependant vous cramponner à Moïse de toutes vos forces — vous allez jusqu'à tenter de TRANSPLANTER LE DARWINISME DANS LA BIBLE, comme ce directeur prussien d'un gymnase royal, le Dr Ch. Fischer, dans son ouvrage : « La psychologie, la biologie et la pédagogie de la Bible. » Ou bien, ce « Darwinisme mosaïque » du Dr Beck ne serait-il destiné qu'aux piétistes CULTIVÉS, tandis que les *pauvres*, les *ignorants*, les croyants peu instruits, prennent Moïse au pied de la lettre, et que les enfants doivent, à l'école, continuer à tenir toute cette magie pour une vérité sainte et miraculeuse ? — Ce n'est dès lors que dans cette seule acceptation que la brochure de Beck peut signifier quelque chose. Mais elle n'est plus, dans ce cas, qu'une tromperie de plus jetée en pâture aux fidèles. Nous avons donc sous les yeux, ou bien un non-sens, une contradiction patente — ou bien une fausse manœuvre entachée de fraude ! — Votre pamphlet est ou l'un, ou l'autre, monsieur le Docteur. — Et il en arrivera tout autant à votre esprit, croyez-moi, docteur, s'il se laisse entraîner dans les sentiers prohibés ! Vous arriverez de la sorte dans un cul-de-sac d'où ni Dieu, ni diable, ne seront capables de vous tirer. N'êtes-vous pas vous-même épouvanté de vos propres contradictions ? Ne reculez-vous pas devant la fumée des ruisseaux de Bélial ? — Des contradictions aussi monstrueuses que celles que renferme votre brochure, destinée à sauver la foi, — pousseront tout honnête et intelligent chrétien à déserter un champ de manœuvres aussi insensées ! Lorsque quelqu'un veut — comme vous, monsieur le Dr Beck — se placer sur le terrain de L'ÉVOLUTION, il ne *peut* ni ne *doit* se poser en défenseur de Moïse. Comment faire rimer l'évolution et la descendance avec la « motte de terre » de l'Adam biblique ? — Il n'y a là ni stratagème, ni sophistique, ni belles phrases qui tiennent. C'est ou l'un — ou l'autre ! Ou bien vous êtes véritablement partisan de la théorie de la descendance, et devez être, dans ce cas, *opposé* à la théorie de la création mosaïque, qui fait provenir l'homme d'une « motte de terre » ; ou bien vous êtes tout bonnement un brave et honnête croyant, convaincu de la dernière théorie, et, si cela est, vous êtes mal venu à nous venir parler, à nous autres, de votre « science » et de votre certitude de l'évolution. Seulement, évitons de nager trop longtemps entre deux eaux !

Mais il est temps que les masques soient arrachés du visage. Vous ne devez pas jouer en même temps deux rôles : celui de défenseur de la foi et celui de Darwiniste. Si le public, qui, du reste, parcourra peu probablement votre pamphlet — si le grand public connaissait votre façon de combattre, il s'apercevrait bien vite de ce piège grossier et se détournerait avec indignation d'une telle science — de Beck.

Maintenant autre chose !

Le Dr Beck commet le mensonge notoire de prétendre que je témoigne du *mépris* pour la Bible ! C'est le contraire qui est vrai : lors même que, depuis quelque vingt ans, je ne crois plus tout ce que contient la Bible, elle m'est restée chère par diverses sages sentences, par maintes beautés poétiques, et il m'arrive quelquefois de la prendre volontiers en main, quoique ce soit là un livre que je ne confierais certainement pas à un enfant ou à un pauvre d'esprit. En effet, la Bible est pleine de si intéressantes contradictions, que chacun, quel que soit l'esprit qui l'anime, peut en citer des passages qui sont à son entière satisfaction ; non seulement le véritable humanitaire, mais aussi le marchand d'esclaves ; non seulement le pauvre et le malheureux du siècle, mais aussi le riche et le puissant de la terre ; non seulement le spiritualiste, mais aussi le matérialiste — peuvent en tirer parti :

« Mais l'homme meurt et perd toute sa force, et il expire ; puis...
« où est-il ? — Comme les eaux s'écoulent de la mer, et comme une
« rivière devient à sec et tarit, — ainsi l'homme est couché par terre
« pour mourir, et il ne se relève point ; ils ne se relèveront point,
« et ils ne seront pas réveillés de leur sommeil jusqu'à ce qu'il n'y
« ait plus de cieux. — Si l'homme meurt, revivra-t-il ? » (Job. XIV,
v. 10, 11, 12, 14).

C'est précisément la variété incroyable de directions d'esprit contenues dans les diverses parties qui forment la Bible, qui en font un livre à jamais intéressant, et je dirai même utile en certaines circonstances. Que nous ne puissions pas CROIRE TOUT ce qui figure dans les « Saintes Écritures », les plus pieux en font autant et doivent euxmêmes l'avouer ; et, justement, les quelques versets de Job cités plus haut n'ont aucune autorité pour les fervents disciples du livre sacré.

Le Dr *G. Beck* et tous ses bigots amis se fâchent de ce que j'ose soutenir que l'action « religieuse » ne dépend nullement de la confession et de la « foi ». Et, cependant, j'ai toujours remarqué que ce sont précisément ces personnes qui font si grand cas de leurs croyances et promènent en fanfaronnant leurs allures de Tartufes, ce sont, dis-je, ces gens-là, qui possèdent la plus faible dose possible de religiosité. C'est tout-à-fait comme l'a si bien dit mon inoubliable maître, *Fr. Th. Vischer* :

« Des millions d'âmes qui, jamais, ne furent inspirées d'un pres-
« sentiment de l'infini, ni d'un aperçu de l'excitante tragédie de la
« vie, se figurent elles-mêmes, et veulent persuader aux autres,
« qu'elles sont RELIGIEUSES parçe qu'elles *ont la foi*. Cette méprise
« dérisoire est devenue un préjugé général ; elle a pris la forme d'une
« puissance : elle a torturé, brûlé, crucifié, empâlé, écorché vif,
« arraché du corps les intestins, coupé en morceaux, crevé les yeux,
« enterré vivant, poignardé, transpercé, empoisonné — il n'est pas
« de cruauté, aussi sauvage et aussi diaboliquement raffinée que l'on
« puisse l'imaginer, qui n'eût volontiers été commise avec une per-
« fection technique par la rage de persécution de la foi. — Non...
« mille fois non ! — LA FOI ET LA RELIGION SONT DE NATURE DIFFÉRENTE,
« et la première a, de tout temps, été plus nuisible qu'utile à la der-
« nière. » — Entendez-vous, monsieur le Dr Beck ? La « foi » a été plus nuisible à la religion qu'elle ne lui a été utile ! — Fr. Th. Vischer dit plus loin : « Comment ? nous devrions encourager de nouveau
« la foi ? — *Arrière, Satan ! Que la foi disparaisse et la* RELIGION
« POURRA VIVRE. » (« Encore un » ; tiré du journal.)

Oui, monsieur le Docteur ! QUE LA FOI STUPIDE SOIT ANÉANTIE et LA RELIGION POURRA VIVRE ! — La pièce de bon drap que nous voulons, nous autres, offrir au peuple à la place du « méchant calicot » du Dr Beck et consorts, c'est : plus de SAVOIR et de VÉRITABLE CONNAISSANCE — et moins de *foi !*

Il est clair comme le jour que nous y arriverons, et nous devons y arriver, malgré les actes miraculeux que, sous tel ou tel masque, Moïse continue à accomplir dans l'enseignement scolaire et qu'il continuera certainement à exécuter encore un certain temps. Après avoir pris connaissance de ces quelques extraits, vous comprendrez, chers lecteurs, qu'il ne peut me venir à l'esprit de répondre en détail à la controverse « scientifique » de monsieur le Dr Beck ; il en est de même pour le petit écrit polémique du Dr *Dennert* que j'ai cité quelquefois, et qui, vers la fin de ses jérémiades, pousse le ridicule cri de détresse suivant : « Le Darwinisme, appliqué avec toutes ses « conséquences, mène tout droit à la révolution et à la démocratie « sociale, aussi bien qu'au nihilisme moral ! » — Oh ! doux ange du pressentiment ! — Ce n'est pourtant pas *de là* que sont sorties, le 20 janvier 1890, un demi-million de voix en faveur de la démocratie sociale !

C'est en suite de ces controverses que j'ai fait traduire *fidèlement, sans un seul changement au texte*, la troisième édition allemande de cet ouvrage.

Mais, que les *instituteurs des écoles publiques* veuillent bien se pénétrer de ce fait, c'est que : présenter comme une sainte vérité une chose que la science a reconnu être erronée aura toujours un mauvais résultat. Un vieux monsieur de Zurich, très instruit, et qui est en même temps un vaillant combattant pour le droit et la vérité, me fit, dernièrement, le récit suivant : cela se passait dans une soirée familière, au cours de laquelle les recherches historiques et la légende de Guillaume Tell furent mises sur le tapis. D'honnêtes citoyens se refusaient à admettre que l'histoire de Guillaume Tell, au lieu d'être authentique, fût seulement l'écho d'une poétique légende. On discuta à tort à travers, jusqu'à ce qu'enfin le point de vue de la recherche critique eut acquis ses droits. Alors, on vit se lever un brave confédéré, d'âge mûr, qui adressa à la société les paroles suivantes : « Ecoutez, voici tout ce que j'ai à dire dans la question : — s'il est vrai, comme les hommes de science l'ont maintenant démontré, que l'histoire de Tell n'est qu'un mythe improbable, qu'elle n'est qu'une belle légende, *sans base réelle :* dans ce cas, mon maître fut un trompeur et un menteur déloyal, ou bien — il fut un imbécile ! »

On peut tirer de cette anecdote authentique une utile application qui touche de fort près le cas qui nous occupe, dans la question : « Moïse ou Darwin ? » — Que diront, dans quelques années, ces mille et centaines de mille écoliers, qui apprendront, un moment ou l'autre, qu'il leur a été servi, à l'école publique, des fictions notoires pour d'inviolables vérités, et cela malgré le fait que les professeurs avaient, depuis 20 ou 30 ans déjà, pu se rendre compte de la valeur de ces « vérités » ? — N'est-ce pas justement de ceux de ses écoliers que le maître portait surtout dans son cœur, à cause de leur intelligence, qu'il entendra un beau jour partir ces mots : « Allons donc! laissez-moi tranquille, avec votre affirmation d'un progrès « dans l'organisme scolaire — les professeurs, aussi bien « que les écoliers, sont encore en plein moyen-âge — mais « — leur sel a perdu sa saveur ! — Malheur à celui qui « ment » ! — Celui qui fraude en la jeunesse l'amour de la vérité est frappé au visage, avec mépris, par cette même jeunesse — lorsqu'elle a grandi. — A la longue, le mensonge arrive toujours à fin contraire de son but.

Et maintenant, un tableau agréable pour terminer !

A la suite de mes conférences, accueillies si amicalement et si sympathiquement dans les cercles d'ouvriers et de bourgeois, il s'éleva, bien loin à la ronde, une « chasse à Dodel » du dernier comique, au cours de laquelle les cagots bernois surpassèrent de beaucoup, par le manque d'élégance de leur méthode de lutter, les bouillants piqueurs eux-mêmes de la fraction ultramontaine de l'antique et vénérable abbaye de Saint Gall. — Mais, entre-temps, les ecclésiastiques protestants progressistes s'en émurent aussi, et on vit paraître, dans la feuille de « l'Union pour le Christianisme libéral », une invitation à assister, le soir du dimanche 17 mars 1889, à une conférence qui devait rouler sur *le Darwinisme et le socialisme à la lumière de la conception chrétienne du monde*. Le public s'y précipita en foule, de telle sorte que, là aussi, le manque de places fut à l'ordre du jour. Dans un discours très bien composé, l'orateur, Dr *K. Furrer*, pasteur de l'église de Saint-Pierre à Zurich, exposa quelle position l' « Union pour le Christianisme libéral » — dont un nombre imposant de pasteurs protestants font partie — a le courage de prendre vis-à-vis des deux grandes questions du jour, le Darwinisme et le Socialisme. Nous tous, qui avons eu le plaisir d'entendre cette conférence, pouvons déclarer, sans réserves, que Furrer a réalisé par son discours une vaillante et bonne action. Ce naturaliste oriental, savant explorateur de la Palestine, démontra que l'on doit concevoir *l'histoire mosaïque de la création comme la production d'une fantaisie lévantine et très poétique*, dont le but n'a *jamais* pu avoir été d'ériger la semaine créationniste des six jours de travail en un dogme inviolable, que l'on doive continuellement jeter dans les roues du véhicule des recherches scientifiques, à seule fin de l'enrayer. A l'origine, cette fiction ne prétendit jamais être qu'une fiction. — Que le récit mosaïque de la formation du monde ne peut évidemment pas être scientifiquement pris au sérieux. Ensuite, l'orateur esquissa la conception théorique Kant-Laplacienne de la création, et démontra pour quelles raisons l'idée d'un ou de plusieurs déluges universels devait être rejetée, et comment enfin, grâce à la voie ouverte par Darwin, les théories de la descendance et de l'évolution avaient fini par obtenir gain de cause. C'est avec une complète absence de réserves, avec une loyauté sans reproche, que le conférencier célèbre la grande, *l'anoblissante idée de l'évolution progressive*, l'idée du plus simple qui arrive à s'élever au plus composé, l'imparfait au plus parfait, et c'est aussi sincèrement qu'il (le conférencier) présente la lutte pour l'existence comme un agent puissamment excitant dans l'organisme général de la nature vivante, par le fait qu'elle trie le meilleur et occasionne l'anéantissement du moins bon ; l'orateur glorifie ensuite, dans des paroles chaleureuses, le saint mécontentement de ce qui a été acquis jusqu'ici, le zèle impulsif dans la direction du mieux, du progrès, et il expose abondamment la consolation et l'espérance que l'on doit trouver dans l'évolution continue de la vie naturelle et humaine. C'est avec la même sympathie qu'il a témoignée au Darwinisme, que l'orateur se place vis-à-vis du Socialisme, dont la force agissante doit résider tout entière dans l'amour désintéressé, et dans l'aspiration à tout ce qui est juste. D'après l'orateur : *il n'y a aucune raison qui force le Christianisme à se mettre sur un pied d'inimitié avec les deux grandes pensées qui dominent notre époque.*

Voilà comment a parlé un théologien chrétien ! S'ils pensaient tous ainsi, les serviteurs de l'Évangile — si tous pensaient ainsi, et exprimaient, sans réserves, des affirmations semblables, je crois que, jusqu'aux confins de l'horizon, la chrétienté présenterait un aspect plus engageant que celui qu'elle offre actuellement. Nous possédons donc ici, à Zurich, un groupe d'esprits éclairés, qui ont, par le fait, saisi l'esprit rédempteur de la théorie évolutionniste, et qui auront, en temps et lieu, le courage de le déclarer[1].

On peut espérer que ces théologiens de l' « Union pour le Christianisme libéral » seront, à l'occasion, assez logiques, assez justes, pour aider à rejeter, des manuels des écoles publiques, le dogme de l'histoire mosaïque de la création. Car il ne suffit pas de constater que ce récit n'est qu'une belle *fiction* qui n'a aucun rapport avec une vérité absolue, — il faut encore, pour être conséquent, cesser de le faire imprimer dans les traités à l'usage des écoles populaires, où il est présenté comme une vérité révélée. Le temps et l'occasion manquent, dans nos écoles primaires, pour enseigner la mythologie.

Laissons donc plus de place à l'enseignement — non des légendes, mais *des faits* — non des choses qui ne sont que des imaginations, mais des choses *réelles !*

La vertu *a toujours fleuri* sur l'arbre de la connaissance.

L'ouvrage que vous avez sous les yeux a débuté en com-

1. Il va sans dire que l'auteur de cet écrit a été jugé fort diversement par messieurs les théologiens du soi-disant *parti de la réforme*. Dans la ville de Zurich, les ecclésiastiques du parti Furrer respectent en l'adversaire un homme convaincu, et usent d'humanité envers lui, tandis que leurs collègues de même tendance théologique, mais vivant en province, s'empressent de tancer vertement, du haut de la chaire, ce darwiniste incommode, et s'en acquittent, soit qu'ils menacent ou qu'ils se défendent, avec un dédain et un sourire si embarrassés ou avec une toute-science si souveraine que, si je l'osais, je dirais : — « Que Dieu les rende meilleurs ! »

battant une *antique* erreur ; il va conclure en réfutant une erreur *nouvelle*, et *cadette*.

A diverses reprises, non seulement des adversaires imbus d'idées cléricales, mais aussi des partisans scientifiques de la doctrine darwinienne, nous ont objecté que cette nouvelle théorie est incapable d'offrir quelque consolation aux pauvres, aux misérables, aux estropiés, en un mot, aux plus mal partagés d'entre les humains ; on a dit que l'enseignement du Christ est, dans tous ces cas, beaucoup plus béni et reconfortant, et que, pour cette raison, on ne devait pas RAVIR la foi du pauvre peuple sans avoir rien à mettre à la place. L'un des quelques pamphlétaires qui nous ont attaqué introduit à l'appui de sa cause deux citations bibliques :

« Qu'il fasse droit aux affligés d'entre le peuple ; qu'il délivre les « enfants du misérable et qu'il humilie l'oppresseur ». (Ps. ch. LXXII, v. 4.)

« Venez à moi, vous tous qui êtes travaillés et chargés, et je vous « soulagerai ». (Saint Matt. ch. XI, v. 28.)

Toutes ces prophéties d'une religion ultra-différenciée, qui se donne pour but de glorifier l'amour du prochain, ne se sont, depuis tantôt 2 000 ans, *jamais* réalisées.

Maintenant, le moment est venu où l'humanité *commence* à entrevoir que « le misérable peuple » doit *lui-même* conquérir ses droits, et où le « puissant de la terre » a parfaitement compris que le pauvre à un *droit à être secouru*.

Ceci est une connaissance partielle de l'entendement de l'humanité ; elle a surgi des luttes de notre siècle, et est devenue toute naturelle. A côté du christianisme, cristallisé en acte de « foi. », une nouvelle religion terrestre a pénétré l'âme du peuple, et l'idée d'une félicité *possible*, et à laquelle tous les moyens doivent viser ; d'une félicité pour *tous*, je dis pour *tous* — et cela, sur terre, et pas seulement dans « l'au-delà » — l'idée de la félicité pour *tout* le genre humain s'est propagée, avec la toute-puissance d'une force naturelle et invincible, dans l'idéal contemporain. Et, dans un prochain horizon, nous voyons déjà s'esquisser la terre, « la terre promise », sur laquelle les sentiments d'humanité remporteront la victoire sur l'égoïsme bestial ! Où la société toute entière sera fortement unie dans une seule et inébranlable volonté de *secouer elle-même son joug;* — et, *lorsque cet instant sera venu,* elle saura certainement se délivrer sans aucun aide.

Quelles craintes pourraient inspirer à un homme intelligent les conséquences du Darwinisme? — Pour nous, voici ce qu'il doit réellement amener : Par l'application pratique du principe de la sélection naturelle dans la vie des peuples, il y aura une telle profusion de nobles dons naturels, restés jusqu'ici opprimés, qui seront livrés à leur libre épanouissement, et à leur bienfaisante activité, que la société entière nagera d'un seul coup dans l'opulence, et sera assurée contre toute misère. La science et les arts, la technique et le mode de travail, seront alors si perfectionnés, que l'on ne verra plus personne être forcé, pour vivre, de travailler jusqu'à mourir, ou jusqu'à devenir rachitique ou phtisique. — Chacun sera heureux d'avoir à accomplir sa part de travail, et les êtres misérables qui en seront incapables, pourront couler des jours sans soucis, car ils seront soutenus par le vrai principe de l'amour du prochain. Il y aura, dès lors, bien peu de malheureux criminels, de corps ou d'esprit, parce que quiconque donnerait, étant sous le coup de l'ivresse ou d'une maladie héréditaire, naissance à un embryon humain, serait puni des travaux forcés.

Certes oui ! Le Darwinisme ne saurait avoir, pour le genre humain, que des résultats qui élèveront sa moralité. Et tout homme qui conçoit autrement cette théorie de l'émulation ne l'a pas comprise.

FIN.